KB266585

강삼영의 모두가 빛나는 강원교육

강삼영 지음

아이들 곁에서, 강원교육을 생각하다

평생을 교육 현장에서 보냈습니다. 강원도의 찬 겨울바람을 맞으며 등하굣길에 서 있던 태백의 아이들, 교실 창가에서 산과 바다를 바라보며 무심한 듯 딴생각을 하던 동해와 삼척의 아이들, 수업이 끝난 뒤에도 집에 가지 않고 교실을 맴돌던 양구의 아이들. 교육에 대한 고민은 늘 그렇게 아이들의 얼굴로 시작되었습니다.

그러다 어느 순간부터 교과서보다 아이들 마음을 더 오래 들여다보게 되었습니다. 잘하던 아이가 갑자기 말을 줄이고, 밝던 아이가 이유 없이 학교에 오지 않고, "괜찮아요"라는 말

뒤에 불안이 숨어 있다는 것을 교사라면 누구나 알고 있습니다. 문제는, 우리가 그 신호를 얼마나 제때 붙잡아 왔는가 하는 것입니다.

교육청에서 일하며 알게 된 사실이 있습니다. 정책은 종이 위에서 시작되지만, 그 결과는 언제나 교실에서 나타난다는 것입니다. 학교를 평가하는 기준 한 줄이 아이들의 하루를 바꾸고, 예산 배분 과정이 학교의 공기를 달라지게 한다는 것을요.

지금, 강원교육을 진단하는 숫자들이 경고를 보냅니다. 숫자들은 통계가 아니라 우리 아이들의 얼굴일지도 모릅니다. 학업을 중단하는 아이들이 속수무책 늘고 있습니다, 스트레스와 우울증을 호소하는 청소년이 빠르게 증가하고 있고 스스로 삶을 내려놓은 경우도 많아졌습니다. 학부모가 부담하는 교육비는 치솟고, 교사는 소진되며, 학교는 점점 희망을 이야기하는 곳이 아니라 버텨 내야 하는 공간이 되어 가고 있습니다.

'우리 몸의 중심은 아픈 곳'이라는 말처럼 교육의 중심도 어쩌면 가장 힘들고 아픈 사람을 향해야 합니다. 이 책은 정책을 이야기합니다. 하지만 정책 보고서가 아닙니다. 아이들의 삶에서 멀어질 때 정책이 어떻게 무의미해지는지를 확인할 뿐입니다. 교권을 말하지만, 권위 회복을 외치지 않습니다. 교사가 존중받지 못하는 교실에서 아이들의 배움이 지켜질 수 있는지 묻고 있을 뿐입니다. 학력을 말하지만, 점수를 세고 싶지 않습니다. 다만, 아이들이 다시 공부할 수 있는 용기, 실패해도 돌아올 수 있는 학교를 말하고 싶습니다. 시민교육을 말하지만, 정해진 답을 강요하지 않습니다. 다른 생각을 듣고, 조정하고, 함께 살아가는 법을 교실에서 배울 수 있는지를 묻고 있을 뿐입니다.

이 글을 쓰며, 여러 번 멈춰서 돌아봤습니다. 정책을 말하면서도 아이들의 얼굴을 지워 버리고 있지는 않은지, 행정을 이야기하면서 교직원들의 삶을 놓치고 있지는 않은지, 스스로에게 묻고 또 물었습니다. 그런데, 언제나 답은 같았습니다. 교육은 결국 교직원들이 아이들 곁에 얼마나 가까이 서 있느냐의 문제라는 것입니다.

이 책은 강원교육을 단정하지 않습니다. 대신 '학교는 지금 아이들에게 어떤 공간인지, 행정은 아이들의 시간을 소중하게 지켜 주고 있는지 그리고 어른들은 멈춰 서서 아이들이 보내는 신호를 충분히 듣고 있는지' 함께 생각해 보자고 합니다.

나는 여전히 믿고 있습니다. 교육은 바뀔 수 있고, 정책은 다시 설계할 수 있으며, 강원도의 학교는 아이들 삶을 따뜻하게 품을 수 있다고. 이 책은 그 가능성을 향한 조심스럽지만 포기하지 않는 기록입니다.

2026년 1월
강삼영

1부

강원교육이 묻고

강삼영이 답하다

01

새로운 강원교육이 나아갈 방향은?

교육 민주화와 평준화를 품고 제3세대 민주진보교육,
개별 맞춤형 교육으로

강삼영을 성장시킨 시간

1987년, 춘천교대 1학년이었던 나는 전두환의 4.13 호헌 조치를 친구들과 대학 강의실에서 모여서 봤다. 갓 스물, 대학 신입생의 깜냥으로는 세상이 어떻게 흘러갈지 도무지 알 수 없었던 혼란의 시기였다. 6월 민주항쟁으로 대통령 직선제를 쟁취했지만, 87년 대선은 신군부 세력의 일원이었던 노태우 후보의 당선으로 귀결되었다.

1989년, 정치적 민주화가 교육 민주화로 연결되는 시기였다. 전국교직원노동조합이 창립되었고, 1,500명이 해직되는 사태가 벌어졌다. 해직된 선배님들이 학교에 찾아오셨고 함께 이야기를 나누었다. 당시 문교부는 일선 교육청에 '전교조 교사 식

별법'이라는 공문을 내려보냈다. 공문에 따르면 전교조 교사는 "촌지를 받지 않는 교사, 학급문집이나 학급신문을 내는 교사, 형편이 어려운 학생들과 상담을 많이 하는 교사, 지나치게 열심히 가르치려는 교사, 아이들한테 인기 많은 교사…"였다. 교육 열정이 넘치는 교사를 불량 교사로 몰아세우는 광풍이 불었다. 정부의 부당한 교육정책에 맞서 시험 거부와 동맹휴업에 참여하면서 졸업이 한 학기 늦어졌다.

1991년 대학을 졸업하고 양구 죽리초에 첫 발령을 받았다. 당시 6학년 제자들은 바다를 본 적이 없다고 했다. 주말에 망상 본가에 갈 때 3~4명씩 데리고 가서 바다를 보여 줬다. 6~7시간이 걸리는 먼 길이었다. 얼마 전, 주민 자치 행사에 갔다가 양구 농협에서 일하는 당시 제자를 만나 반갑게 인사했다. 귀엽던 열세 살 소년이 건실한 40대 지역 일꾼이 되어 있었다.

이후 장호초, 삼척초, 미로초 고천분교, 망상초, 동호초 등에서 20년 넘게 근무했다. 삼척 고천분교에서 지낸 3년은 교직 인생의 가장 빛나는 시기였다. 태풍 루사로 영동권이 큰 피해를 입고 급식이 6개월 동안 끊긴 적이 있었다. 학교에 밥솥과 버너를 가져와 분교 아이들 여섯 명과 함께 밥을 해 먹고 살았다. 삶과 수업은 하나였고, 매일의 삶을 글로 남기며 그 글을 그러모아 〈보리피리〉 문집을 만들었다. 내 교직 생활 보물 1호다.

2010년, 첫 주민 직선 교육감 선거에서 민병희 교육감이 당선됐다. 일종의 인수위원회 격인 '모두를 위한 교육 추진단'에 합류하라는 제안을 받았다. 학생들에게 의견을 물었다. 학생들은 도교육청에 가서 제발 시험 좀 줄여 달라고 했다. 당시 이명박 정부는 전국 일제고사 정책을 펴며, 학교와 교실 단위로 성적을 서열화하고 있었다. 전국 일제고사를 준비하는 도 단위 시험이 있었고, 도 단위 시험을 준비하는 시군 단위 시험이 있었다. 초등학교 학생들이 야간 자율학습을 하는 지경이었다. 동료 교사들에게도 의견을 물었다. 제발 정상적인 교육과정에 집중할 수 있게 해 달라고 했다. 교사가 수업하다 말고 공문 작성하고 행정 업무하던 시절이었다.

그렇게, 교실에서 강원도교육청으로 교육의 터전을 바꾸었다. 대변인을 하며 주말도 없이 토론하고 일했다. 강원교육을 바꾼다는 신념에 열정이 타오르던 시기였다. 그 결과, 고교평준화와 친환경 무상급식을 이루어 냈다. 전국 일제고사가 폐지됐다. 교무행정사, 보결전담강사 등을 기획해서 강원의 시스템이 가장 선진적이라는 평가도 받았다. 전국 최초로 협력교사제, 한글책임교육제, 에듀버스, 대입지원관제 등도 제안했다.

2018년 교사 비위 사건과 전임 교장의 사망 등으로 위기에 빠진 태백 미래학교를 정상화하는 임무를 맡고 특수학교 교장이 되었다. 학부모와 지역사회 신뢰가 크게 흔들린 상황이었지만, 교육과 돌봄 체계를 복원하고 학교를 공립으로 전환했다.

당시 손가락 힘이 부족해 숟가락질이 힘든 아이를 한 학기 내내 꿋꿋이 가르치는 선생님의 모습에 감명을 받았다. 아이들 한 명 한 명이 마주한 발달의 과업보다, 전체 진도와 중간 수준의 수업에 지나치게 집착하는 우리 교육의 관행에 근본적인 의문이 들었다.

이후 도교육청 교원정책과장, 정책기획관을 거쳤다. 도교육청 행정 전반을 들여다볼 수 있는 값진 시간이었다. 2022년 강원도 교육감 선거에 나섰지만 2위로 낙선했다. '낙선'만큼 좋은 학교는 없다고 했던가? 지역의 목소리를 듣고, 강원교육에 부족했던 점을 성찰할 수 있었던 값진 시간이었다.

2세대 진보교육을 넘어 새로운 도전을

철학 영역에 변증법이라는 것이 있다. 하나의 주장正이 그에 반대되는 주장反과 대립하면서, 이 두 모순을 해결하고 더 높은 수준으로 나아가는 새로운 결론合에 도달하게 된다. 이른바 정-반-합의 과정이다. 물론 새로운 합合은 완결이 아니다. 다시 새로운 정正이 되어 또 다른 반反을 만나 더 높은 수준의 합合을 이루어 발전이 계속되는 논리 전개 방식이다.

돌이켜 보면 진보교육에 몸담고 실천하며 경험해 온 일련의 흐름은 정-반-합의 연속이었다. 87년 정치적 민주화를 시점으로 잡아 보면, 전교조 창립을 위시한 교육 민주화의 흐름을 1세대 진보교육이라고 할 수 있을 것이다. 물론 순탄한 과정은 아니었다. 정부와 교육 당국이 교육 민주화를 발목 잡는 게 일상이던 시절이었다.

변증법적 합의 계기는 2010년 도입된 교육감 주민 직선제였다. 천신만고 끝에 민병희 교육감의 '모두를 위한 교육'이 출범했다. 굳이 정의하자면 2세대 진보교육-고교평준화와 친환경 무상급식의 시대라고 할까. 청소년 시절의 교복 색깔로 차별하지 말라는, 아이들 점심밥 한 끼 주기 위해 얼마나 가난한지 입증하게 만들지 말라는, 우리 마음속 평등에 대한 감수성이 2세대 출범의 동력이었다.

그러한 변화 역시 신경호 교육감이라는 반동의 시대를 겪게 되었다. 교육감 개인의 부정부패는 물론이요, 시대에 역행하는 보충수업, 야간 자율학습, 단순 암기형 평가 위주의 교육정책은 그 자체가 어리석은 짓이었다. 하지만 이전으로 회귀하는 것도 정답은 아니다. 변증법의 발전 논리에 따르면, 그러한 반동 역시, 정正 안에 내포된 모순을 치유하게끔 만드는 밑거름은 되어 주는 법이다. 강원교육은 이제 2세대 진보교육을 넘어 새로운 도전이 필요하다는 것이 나의 판단이다.

3세대 강원의 진보교육은 '교육 민주화와 평준화'를 품고, 학생마다의 잠재력을 최대한 끌어내는 교육으로 나아가야 한다.

모든 학생이 배움을 즐기며, 학교와 지역사회, 개인과 전체가 서로의 가능성을 높이는 강원교육. 그리하여 교육이라는 이름의 불평등 재생산 구조를 완화하고, 강원의 지속가능한 발전에 함께하는 제3세대 민주진보교육. 나는 이것을 '진짜 강원교육'이라고 말하겠다.

2026년, 새로운 교육이 필요하다

곳곳에서 시대의 전환을 느낀다. 각종 스마트 기기를 능숙하게 다루는 아이 모습에서, 인공지능으로 만든 영상을 보며 노는 학생들 모습에서, 눈치 보지 않고 자신의 의사를 또박또박 말하는 어린 세대의 모습에서. 과거로 돌아갈 수 없는 비가역적 변화를 읽는다.

하지만 대한민국의 교육은 어떠한가? 30년 전 김영삼 정부가 발표한 '5.31 교육개혁' 이후 근본적 변화 없이 군데군데 미봉책을 덧댄 누더기 같은 꼴이다. 학교는 여전히 정해진 교과서와 시간표, 같은 기준의 평가 속에서 모든 아이가 같은 속도와 방향에 따를 것을 강요한다. 일란성쌍둥이조차 각자가 품은 기질과 특성이 다를진대, 진로와 적성이 제각각인 학생들에게 우리 교육은 단 하나의 경로만을 제시하며, 다른 길을 걷는 아이들은 낙오자로 여긴다. 1년에 단 한 번, 50만 수험생이 한날한

시에 보는 수능 시험은 여전히 대한민국 공항을 멈춰 세울 만큼 위력을 보이고 있다.

시대가 변화했으니 교육도 송두리째 바꿔야 한다는 주장을 하려는 것은 아니다. 변화에 부응하는 것이 '진보'요, 지킬 것은 지키는 게 '보수'라면, 진보와 보수의 가치가 모두 필요한 영역이 바로 교육이다. 그리고 바꿀 것과 지킬 것을 분별하는 것이 바로 시대를 읽는 '지혜'일 터이다. 교육을 걱정하는 이들과 공유했으면 하는 시대의 변화는 다음과 같다.

첫째, 현재의 교육 시스템은 임계점에 도달했다. 대한민국 학생의 학업성취도는 세계 최고 수준이지만, 행복지수는 OECD 최하위권이다. 교육부와 질병관리청이 실시한 〈2024년 청소년 건강행태조사〉에 따르면, 일상생활을 중단할 정도로 슬프거나 절망감을 느낀 청소년이 무려 27.7%에 달했다. 2023년 기준 청소년(9~24세) 자살자는 인구 10만 명당 11.7명으로, 역대 최고치를 기록했다. 이는 OECD 평균(2020년 기준 6.0명)보다 약 2배 높은 수치다.

그 원인은 여러 각도로 들여다봐야 하겠지만, 입시 중심 교육이 시대와 심각하게 불화하고 있다는 것만은 너무도 분명하다. 경쟁과 서열화는 협력의 가치를 무너뜨리고, 학습을 '성적 경쟁'으로 추락시켰다. 학생 개인은, 배움의 기쁨을 느낄 새도 없이 자신의 상대적 위치를 확인받는 데 급급하다. 매년 30조원 가까이 지출되는 사교육비는 교육 불평등을 심화시키며, 가정의 경제력에 따라 학습 기회가 결정되는 불공정 구조를 굳히고 있다.

둘째, 인공지능의 급격한 발전은 우리가 한 번도 경험하지 못한 사회 변화를 이끌고 있다. 국제통화기금IMF은 2024년 보고서에서 "인공지능이 세계 경제를 근본적으로 변화시킬 것"이라며 전 세계 일자리의 40%가 AI의 영향을 받을 것이라 분석했다. 이 중 절반은 AI를 활용해 생산성이 높아지겠지만, 나머지 절반은 AI에 의해 대체될 위험에 놓여 있다. 일자리 대체는 곧 사회적 불평등 심화로 연결될 가능성이 높다.

그렇다면 인공지능 시대에 필요한 역량은 무엇인가? 핵심은 '질문하는 힘'이다. 주어진 문제의 정답을 찾는 일은 이미 인공지능이 인간보다 더 잘한다. 이제 중요한 것은 무엇을, 왜, 어떻게 물을 것인가다. 하지만 대한민국 교육은 여전히 질문하는 법을 가르치기보다 지식 암기와 주어진 질문에 '정답을 맞히는' 훈련에 집중하고 있다.

셋째, 학령인구 감소가 큰 위기와 기회를 동시에 가져오고 있다. 통계청에 따르면 초중고 학생 수는 2000년 785만 명에서 2030년에 420만 명 수준으로 감소할 전망이다. 산업화 사회에 적합했던 대규모, 표준화된 교육 체제에 근본적인 변화가 필요하다.

2024년 강원도 신생아 수는 약 6,600명이다. 이 가운데 한 해 출생아가 100명도 되지 않는 기초자치단체가 4곳에 이른다. 학구 광역화나 강원 유학 등으로 버티고 있지만, 한 학년 평균 10명 이하의 초등학교가 190여 곳으로 전체의 절반을 넘는다. 그마저도 몇 년 뒤 존립을 장담하기 어려운 곳이 적지 않다.

표면적으로는 학생 수 감소가 교사 1인당 학생 수 감소로 이어져 개별화 교육의 기회가 커질 수 있다. 하지만 현실은 복잡하다. 교육부가 교원 정원을 학생 수에 맞춰 줄이고 있기 때문이다. 더불어, 또래로부터 배우는 청소년 특성상, 한 학년 학생이 10명도 안 되는 상황에서 교육의 질을 유지하기가 쉽지 않은 상황이다.

넷째, 학생 개인에 대한 존중의 요구가 커지고 있다. 인구 절벽 시대, 한 가정 한 자녀가 흔해지면서 자녀의 성장에 온 관심이 집중된다. 많은 학부모는 자신이 어린 시절 학교에서 겪은 부정적 경험을 자녀가 답습하지 않길 바란다. 입시 경쟁 구조의 이면에는 역설적으로, 자녀의 성적보다는 행복이나 진로, 전인적 교육에 대한 바람을 말하는 부모님들이 늘어나고 있다.

물론 대학 입시는 여전히 현실이기에 전인교육과 입시교육에 대해 양가감정을 갖는 부모도 많지만, 과거처럼 '보충수업과 야간 자율학습'으로 대표되는 입시 경쟁의 틀에 아이들을 억지로 끼워 넣는 일은 더 이상 통하지 않는다.

강원교육, 값비싼 비용을 치르다

신경호 교육감 시기를 거치며, 강원교육 현장은 혼란에 직면했다. 새로운 시대를 대비하던 수업 혁신의 분위기는 꽃이 채 피기도 전에 급속히 시들어 버렸고, 성적 지상주의에 기반한 강의식 수업과 보충수업을 강요하는 퇴행적 분위기가 현장을 지배하고 있다. 성취기준 70% 이상을 평가에 반영하라는 듣도 보도 못한 지침에, 학교에서는 비효율적인 평가만 양산되고 있다. 교사들은 교육감에 대해 심각한 불신을 표하고 있고 학부모회, 학교운영위원회와의 협력 관계도 무너졌다.

도리어 학생들의 학력은 점점 떨어지고 있다. 교사가 체감하는 학생들의 문해력 수준이 점점 떨어지고 있고, 중학교에서 수포자 문제는 심각한 수준이다. 대학 진학 지도 결과도 몇 개 사립학교 상위권 학생들의 실적을 자신의 실적처럼 홍보했을 뿐, 대다수 공립학교는 더 힘든 상황이 되고 말았다. 진짜 학력을 키우려면 정교한 평가에 바탕을 둔 피드백과 적절한 맞춤형 지원, 배움에 진지하게 임하는 문화를 만들어야 한다. 시험 횟수를 늘리고 의자에 앉아 있는 시간만 늘리며 '학력에 신경 쓰고 있다'는 보여 주기 식 방법은 좋은 결과를 기대할 수 없다.

강원 학생들의 정신 건강과 학업 중단율, 학교 만족도는 심각한 수준이다. 미래를 향해 가는 학생을 과거 방식으로 몰아넣으니 학생의 정신 건강이 좋아질 리 없다. 질병관리청에서

조사한 스트레스 인지율(스트레스를 많이 느끼는 학생 비율)은 2022년 전국 7번째(39.4%)에서 2024년 전국 11번째(42.6%)로 악화되었다.

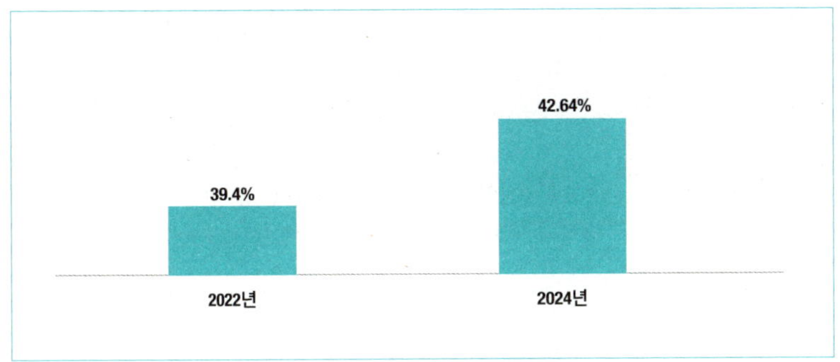

강원도 학생의 스트레스 인지율
출처: 통계청(2022, 2024). 사회조사보고서

2024년도 특성화고 학업 중단율은 17개 시도 중 가장 높았다. 강원도 중고등학생의 전반적 학교생활 만족도는 하락했다. 구체적으로 '만족' 응답 비율은 2020년 59.3%에서 2024년 53.8%로 감소했고, '불만족' 응답 비율은 2020년 4.6%에서 2024년 9.0%로 크게 증가했다.

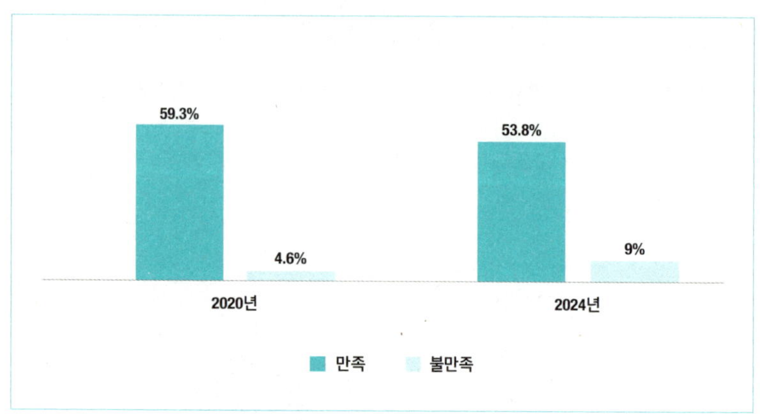

강원도 중고등학생의 전반적 학교생활 만족도
출처: 통계청(2020, 2024). 사회조사보고서

코로나 대유행이라는 혼란을 겪고 나서 새로운 시대에 걸맞은 새로운 교육 체제를 세워 나가야 하는 시점에, 강원교육은 '구시대 교육으로의 회귀'라는 엄청난 기회비용을 치르고 있다. 강원 교육감의 시대를 읽는 안목이 부족한 탓이다. 강원의 아이들을 위해서는 하루빨리 교육의 균형을 회복해야 한다. 지덕체의 균형, 성취감과 행복감, 인지적 영역과 정의적 영역, 학습량과 질(효율)의 균형을 회복해야 한다. 그리고 그 균형의 원리는 모든 아이 한 명 한 명을 소중하게 여기는 '개별 맞춤형 교육'에서 시작된다는 것이 나의 믿음이다.

진짜 강원교육, 모든 아이는 빛나야 한다

진짜 강원교육을 한마디로 정의하라고 한다면, 나는 '모든 아이가 빛나는 교육'이라고 말할 것이다. 배움을 즐거워하고, 긍정적인 청소년기를 보내면서, 저마다 빛나는 시간을 맞이한 아이들은 인생을 살면서 무엇을 해도 잘해 나갈 힘을 얻게 된다. 급변하는 세상에서 평생학습자의 길을 가야 할 우리 아이들은, 저마다 빛나는 경험을 통해 동기와 의지를 키워야 한다.

특정 과목에서 모든 아이가 빛나는 것은 어렵지만 아이들은 저마다 잘하고 좋아하는 것이 있다. 특수학교에서 만난 숟가락질을 힘들어했던 아이처럼, 저마다의 발달 과업이 있다. 그것을 세심하게 관찰하고 격려하며 해낼 수 있게 돕는 문화와 시스템이 우리 교실 안에는 반드시 필요하다.

진짜 강원교육의 구체적인 방향을 좀 더 풀이하면 다음과 같다.

첫째, 강원의 아이들이 강한 기본학력(문해력과 수리력)을 갖추게 돕는 교육이다. 이는 단순히 시험을 잘 보게 하겠다는 것과는 다른 개념이다. 배움을 즐기는 평생학습자로 살아가기 위해, 가짜뉴스에 휘둘리지 않고 건강한 민주시민으로 살아가기 위해, 어린 시절 튼튼한 문해력과 수리력을 갖추는 것이 필수이다. 가용한 정책 수단을 투입해, 발달 단계마다 최저기준 충족을 넘어선 도구 교과 능력을 키워 줄 것이다. 신뢰도 높은 진단 도구와 지표 개발로, 강원 학생의 기본 학력을 지속적으로 측정하고 관리해 나갈 것이다.

더불어 꼭 짚어 볼 것이 있다. 예전에 일본의 시골 아키타현이 전국 학력평가에서 1등을 해 화제를 모은 적이 있다. 아키타현의 교육을 관찰해 보면, 1등을 한 것이 당연한 것처럼 느껴진다. 아키타 학생들은 학교에서 열심히 수업에 참여하고, 집에 와서 매일 잠깐이라도 복습을 했다. 책을 많이 읽었다. 모르는 것이 있으면 선생님한테 언제든지 물어보는 문화가 있었다. 이 당연하고 기본적인 과정을 다시금 복원해 내는 것, 그것이 강한 기본학력을 제대로 키우는 관건일 것이다.

둘째, 아이의 특성을 고려한 개별 맞춤형 교육이다.

혹자는 '개별 맞춤형 교육'을 이야기하면, 한 반에 20명을 모두 맞춤형으로 수업하는 것이라고 오해한다. 그렇지 않다. 노련한 교사는 기본적인 개념 수업은 함께 하더라도, 학생 수준과 관심을 고려해 과제는 맞춤형으로 내준다. 잘하는 학생은 학생대로 지적 탐구심을 충족시키는 과제를, 다소 느리게 배우는 학생에게는 기본기를 연습하는 과제를 내주고 맞춤형 보충수업을 진행할 수 있다. 협력강사를 활용한 분반 수업이나 전문가 지원도 적극 활용할 수 있다. 이런 학생 맞춤형 지원이 교사 개인의 특성이나 판단에 기대지 않고 모든 아이가 기본적으로 누릴 수 있도록 시스템을 만들어야 한다.

더불어 학생마다 다른 특기 적성을 키워 주기 위해 동아리 활동을 활성화할 필요가 있다. 지역의 전문가와 함께 협력하는 동아리 활동을 통해, 아이들이 가장 좋아하는 영역에서 저마다 빛나는 순간을 만들어 주는 것 또한 개별 맞춤형 교육의 좋은 방법이다.

셋째, 삶의 역량과 비판적 사고력을 기르는 민주시민교육이다.

우리 교육이 길러 내야 할 최종적 인간상은 결국, 건강한 민주시민이다. 민주공화국 대한민국과 강원 지역사회를 구성하는 시민은 자신을 지켜 내는 삶의 역량, 이웃과 협력하는 협동심, 공동체 일원으로서 공동체의 상황을 이해하고 문제를 해결하는 비판적 사고력을 갖추어야 한다.

하지만 강원교육은 지금 이와 반대로 가고 있다. 학교 수업이 지역사회 문제 해결과 연결되고, 교과 지식이 자기 삶의 역량을 키우는 방향으로 확장되어야 하는데, 현실에서는 폐쇄적인 환경-학교와 학원, 교과서와 문제집 안에 학생들의 사고를 가두고 있다. 학생들은 세상 돌아가는 문제에 둔감한 채 살아가거나, 편향된 유튜버에게 현혹된다. 이를 정상화하는 것은 진짜 강원교육의 중요한 과제다.

넷째, 지역사회와 함께하는 교육이다.

앞선 진짜 강원교육의 과제를 달성하기 위해서라도 지역과 협력하는 것은 필수 불가결하다. 지역에는 해결해야 할 공동체의 문제가 있고, 다양한 삶과 진로가 있고, 학생과 학교를 도와줄 수 있는 다양한 전문가가 있다.

그동안 학교와 교육청이 지역사회와 함께하지 못한다는 비판을 여러 경로로 들었다. 진짜 강원교육은, 학생들이 저마다 빛날 수 있도록 지역 전문가와 함께 협력해 나갈 것이다. 수업 시간에는 문화예술, 지역사, 농업 등 다양한 전문가들이 교육 과정을 알차게 가꿔 줄 것이고, 지역마다 마을 돌봄 공동체와 만 개의 학습 동아리가 학생들의 방과후를 가치 있게 채워 줄 것이다. 더불어 지자체와 협약을 맺은 진로특구에서는 진로 코디네이터와 시민 진로강사들이 학생들의 미래를 함께 설계하고, 다양한 삶의 의미를 이해하게 도와줄 것이다.

결론적으로, 진짜 강원교육은 학생 한 명 한 명을 소중히 여기는 교육이다. 학생을 중심에 두고 학생의 성장에 책임감을 갖는 교육이다. 강원의 미래를 진지하게 고민하는 교육이다. 당면한 시대적 과제를 치열하게 마주하고 적극적인 변화를 두려워하지 않는 것, 그것이 내가 생각하는 3세대 민주진보교육의 숙명이라고 믿는다.

"오늘의 아이를 어제의 방식으로 가르치는 것은, 아이의 내일을 망치는 것이다."

– 존 듀이

02

진짜 학력,
어떻게 실현할까?

느린 학생은 친절하게,
잘하는 학생은 더 잘하게 돕는 교육

진짜 학력 vs 가짜 학력

'공부를 잘하는 아이'는 어떤 아이일까? 성취도가 높고, 배운 걸 제대로 이해하고, 설명을 주의 깊게 듣고, 친구들과 토의·토론에 열심히 참여하고, 수행평가 프로젝트를 잘하고, 스스로 부족한 것을 채우는 아이. 배운 것을 통해 세상을 이해하고, 스스로 길을 찾아 나서는 힘을 기르고, 우리 사회의 발전에 기여할 수 있는 학생이다.

'학력'이란 이 모든 것을 품는 능력이다. '학습學習'의 '습習'에는 어린 새가 날갯짓하는 모습이 담겨 있다. 배운 것을 익히는 과정, 그 끝에서 발휘되는 힘이 바로 학력이다. '학력學力'은 '학습을 통해 발휘되는 능력力'이다. 자기 삶의 주인공으로 살아가는 능력, 더 좋은 세상을 만들어 가는 능력이다. 이를 '역량力量'이라고도 한다.

학력에도 '진짜 학력'이 있고 '가짜 학력'이 있는 듯하다. 이를 다른 말로, '구 학력관', '신 학력관'이라고도 한다. 배움과 삶이 어우러지면 진짜 학력이 되고, 삶과 괴리되면 가짜 학력이 된다. 스스로 배울 힘이 없는 사람, 점수는 높으나 인성이 부족한 사람, 타인의 고통을 알지만 마음으로 공감하지 못하는 사람, 배운 대로 실천하지 못하는 사람도 허다하다.

이를 '지식의 전이'라고 표현할 수도 있다. 즉, 교과에서 배운 개념과 원리를 현실의 문제에 적용하고, 그 과정에서 자기 주도적으로 사고하는 능력이다. 〈OECD Education 2030〉과 '2022 개정 교육과정'에서 강조하는 역량이다. 지식, 사고력, 문제 해결력, 창의력 같은 지적 능력뿐 아니라 성취동기, 흥미, 자기 관리, 민주적 시민성 같은 정의적 능력까지 포함하는 포괄적이고 총체적인 능력이 바로 학력이다.

그런데 우리 사회에는 여전히 '학력 논쟁'이 있다. 수능 성적이 좋으면 학력이 높은 것일까, 모둠 활동과 수행평가를 많이 하면 학력이 좋아지는 것일까, 학교에서 아이를 붙잡아 놓으면 공부를 잘하게 되는 걸까. 잘못된 인식이다. 암기도 잘하고 창의력도 있어야 학력이 높아진다. 제대로 배운 사람이라면 당연히 인성도 좋다. 지필평가와 수행평가, 선다형 평가와 논술형 평가가 균형을 이루고, 암기력과 문제 해결 능력이 함께할 때 학력은 온전히 빛난다. 이 둘을 분리하는 것이 거짓 학력이고, 하나로 묶어야 진짜 학력이다.

물론 시대마다 강조점은 달라진다. 과거 산업화 시대에는 지식과 암기를 중시했다. 하지만 인공지능 시대에는 스스로 생각하는 능력이 중요하다. 생각할 줄 모르면 인공지능에 무얼 물어야 할지도 모르기 때문이다. 그래서 창의력, 문제 해결 능력, 가치판단 능력, 공감 능력을 기르는 것이야말로 미래 교육의 과제이다.

학부모도 이에 다 공감한다. 하지만 진짜 학력이 코앞에 닥친 대학 진학에 유리한지를 저울질하며 마음을 졸인다. 진짜 학력은 당연히 대입과 연결된다. 장문의 텍스트를 비판적으로 잘 읽어 내고 스스로 생각할 줄 알아야 수능도 잘 본다. 다양한 역량이 있어야 성적도 올라가고, 인성이 좋아야 사회에서도 성공한다. 진짜 학력이 치밀한 대입 전략과 만나면 입시에서 큰 상승효과를 누리게 된다. 진짜 강원교육은 이를 충분히 해낼 수 있다고 자신한다.

기본학력을 탄탄히 잡아 주어야 한다

진짜 강원교육이 추구하는 진짜 학력의 핵심 요소는 '3×3 복합

역량'이다. 첫 번째는 〈도구역량〉 영역인데, '문해력, 수리력, 디지털 소양' 세 가지로 구성된다. 〈메타인지역량〉은 '자기조절, 문제 해결, 공감 능력'이다. 세 번째 〈시민역량〉도 중요하다. '봉사역량, 혁신역량, 성찰역량'으로 구성된다.

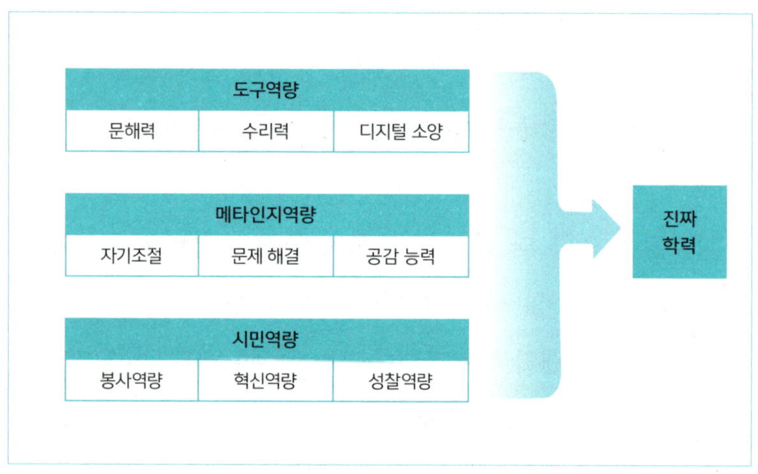

강원교육 진짜 학력의 핵심 요소

먼저, 〈도구역량〉은 배움의 문을 여는 열쇠이다. 세상과 소통하는 문해력, 세상을 논리적으로 바라보는 수리력 그리고 인공지능 시대를 살아가는 지혜인 디지털 소양. 이 세 가지는 생각의 도구이자, 배우는 힘의 기초다.

다음으로, 〈메타인지역량〉은 자신을 바라보는 거울이다. 자신의 학습을 스스로 조절하는 자기조절 능력, 타인의 마음을 이해하고 품는 공감 능력 그리고 문제의 본질을 꿰뚫어 해법을 찾아가는 문제 해결 능력이 그 안에 있다. 이 역량들은 생각의 깊이를 만들고, 사람과 세계를 더 넓게 보는 눈을 길러 준다.

마지막으로, 〈시민역량〉은 함께 살아가는 세상을 만들어 가는 힘이다. 타인을 위해 손을 내미는 봉사역량, 세상을 더 나은 방향으로 이끌려는 혁신역량 그리고 자신과 사회를 되돌아보는 성찰역량. 이 세 가지는 배움이 결국 '개인과 사회 모두의 행복을 여는 힘'임을 일깨워 준다. 강원교육이 말하는 진짜 학력은 바로 이 아홉 가지 빛깔의 역량이 조화를 이루는 것, 삶의 힘을 기르는 과정이다.

출발점은 문해력, 수리력, 디지털 소양이다. 이 세 가지는 모든 학생이 반드시 길러야 할 최소한의 역량이며, 학교가 책임지고 보장해야 할 배움의 뿌리이다. 고교학점제에는 '최소성취수준 보장지도(최성보)'라는 제도가 있다. 대학교에서 일정 기준에 미달하면 'F'를 받듯, 고등학교에서도 학업성취도 40%에 미달하면 '미이수' 처리가 된다. 하지만 이 제도는 학생을 벌주는 장치가 아니다. 오히려 학교가 끝까지 학생의 학습을 책임져야 한다는 다짐이다.

예전에는 출석 기준만 충족하면 졸업할 수 있었다. 그러다 보니 수업 시간에 잠만 자는 학생이 있고, 교사가 이를 못 본 척 넘어가기도 했다. 하지만 이제는 그럴 수 없다. 최소성취수준에 도달해야만 과목 이수 처리가 된다. 그러니 교사들이 최선을 다해 학생의 기본학력을 잡아 주어야 한다. 예방 교육도 해야 하고, 보충 지도도 해야 한다. 당연히 교사가 수업에 집중할 수 있는 환경과 권한도 주어야 한다.

하지만 고등학교에서 기본학력을 잡으려면 너무 늦다. 초등학교, 중학교에서부터 기본학력을 잡아 주어야 한다. 그래서 '강원도형 최성보'를 운영해, 더 이른 시기부터 책임교육을 실현해야 한다. 학생들의 학력 격차가 벌어지기 전에, 일찌감치 손을 내밀어야 한다. 교사에게 과도한 부담을 주지 않으면서도, 모든 아이가 최소성취수준에 도달하도록 도울 수 있는 체계를 만들어야 한다.

학력의 뿌리는 복습이다. 배운 것을 다시 익히고 자기 것으로 만드는 과정에서 뇌가 자라고, 학력이 자란다. 하지만 스스로, 알아서 복습하는 아이는 드물다. 공부가 적성에 맞고 재미있어 하는 소수를 제외하고, 다수의 아이는 복습과 숙제를 싫어한다.

그래서 교사의 역할이 중요하다. 적절한 숙제로 효율적인 학습 리듬을 유지하고, 단원마다 수시로 피드백을 해야 하고, 그 결과를 총괄평가를 통해 파악해야 한다. 도달하지 못하는 학생에게는 이를 보완할 기회를 주어야 한다. 예컨대, 기말고사 일정을 조금 앞당기고, 학기 말에 '학습 회복 주간'을 운영할 수 있다. 그 주간에는 '데이터 기반 개별화 지도', '또래 멘토링 기반 협력학습', '피드백 기반 자기 주도 학습'을 시행한다. 그래야 '최성보'가 '최성보'답게 운영되어, 초등학교와 중학교 시기에 기본 학력의 뿌리를 내릴 수 있다. 그 뿌리 위에서 자라는 강원교육의 진짜 학력은 모든 아이가 '배움의 기쁨'을 느끼며 성장하는 힘이 될 것이다.

학력을 제대로 평가해야 한다

학력을 충분히 평가하려면, 중간·기말고사 객관식 문항만으로는 한계가 명확하다. 단편적 지식만 확인할 수 있기 때문이다. 많은 학생이 시험 기간 단기 기억에 의존해 정답을 고르고 나면 배운 걸 대부분 잊어버린다.

진짜 학력을 차곡차곡 쌓아 올릴 수 있는 새로운 평가가 필요하다. 마치 계단을 한 칸씩 오르듯, '진단평가-형성평가-총괄평가' 시스템을 확실하게 정착시켜야 한다. 어느 정도 알고 있는지 미리 확인하고(진단평가), 수업을 통해 제대로 배우고 있는지 중간중간 확인하고(형성평가), 그동안 배운 것을 종합적으로 확인하는(총괄평가) 과정이 지켜져야 한다. 이는 단순한 시험이 아니라, 아이들이 배우고 성장하는 모든 순간을 살피고 지원하는 평가가 될 것이다.

진단평가	형성평가	총괄평가
학습 전 상태 확인	학습 중간 과정 상시적 점검	학습 종료 후 종합적 평가
-인지적 영역: 학력 수준, 학습 부진의 원인 등 -정의적 영역: 학습 흥미 도, 태도, 적성 등	-단원별, 영역별 과정중심 평가 -교사의 피드백, 학생의 재도전	-분기별, 학기별 학습의 결과 확인 -지식, 기능, 태도 등 종합 적 역량 확인
-AI 기반 측정 도구 활용 -교사의 일상적 진단	-발표, 토론, 관찰, 피드백 -수행평가	-선다형, 서·논술형, 보고 서, 포트폴리오 등
-학습 수준 및 장단점 분석 -학습법 코칭	-꾸준한 복습, 개별화 맞 춤형 지도 -학부모에게 일상적인 통 지, 가정학습 병행	-평가 결과에 대한 종합 적 분석, 학생별 데이터 축적 -초·중 최소성취수준 보 장지도

강원 학생 종합 평가 시스템

〈진단평가〉의 '진단'은 보통 병원에서 쓰는 용어이다. 의사가 환자의 상태를 정확히 '진단'해야 제대로 '처방'을 내릴 수 있다. 교육에서도 마찬가지이다. 교사가 학생의 학력 상태를 정확히 '진단'해야 아이들에게 꼭 맞는 배움의 길, 효율적인 교수학습을 진행할 수 있다.

하지만 지금의 진단평가로는 그 일을 제대로 할 수 없다. 더 넓고 깊은 논의가 필요하다. 첫째, 학생의 학력 수준과 그 원인을 정확히 평가하는 종합적 시스템이 있어야 한다. 둘째, 교사가 자기가 가르치는 학생을 꾸준히 관찰하고, 그들의 모습을 이해해야 한다. 진단은 결국 시험지가 아니라, 사람을 향한 관찰과 이해에서 시작되기 때문이다.

진단평가 시스템이 과거의 일제고사처럼 아이들을 줄 세우는 도구가 되어서는 안 된다. 비교나 낙인이 아니라, 이해와 성장의 출발점이 되어야 한다. 단순히 학업 수준을 평가하는 것이 아니라, 인지적 영역과 정의적 영역(학습 태도, 흥미, 자신감 등)을 두루 진단해야 한다. 학생의 상태를 정확히 분석하고, 학습 코칭을 해야 한다.

그걸 누가 할까? 바로 강원의 선생님들이다. 모든 선생님이 학습심리와 학습코칭 전문가가 되도록 지원할 것이다. 더불어 AI를 활용해 다양한 요소를 정확히 분석할 수 있게 도울 것이다. 학생을 가장 잘 아는 사람은 그 학생을 직접 가르치는 교사이다. 교사가 꾸준히 학생을 관찰하면서 무엇을 잘하는지 무엇이 부족한지 파악해야 한다. 학년 초 '진단활동 주간'을 운영해 학생의 수준, 흥미, 적성, 학습법 등을 관찰하고 학생과 학부모를 면담해 배움의 방향을 함께 찾아야 한다. 그 결과를 바탕으로 학교생활, 학습법에 대해 코칭^{Coaching}과 티칭^{Teaching}을 병행한다. 이것이 바로 앞서 강조한, 개별 맞춤형 교육의 출발점이다.

〈형성평가〉는 배운 것을 제대로 소화하는지 그때그때 확인하는 평가이다. 중간·기말고사는 '결과중심평가'이고 형성평가는 '과정중심평가'이다. 학력 성장과 변화를 살피는 방법이다. 간단한 쪽지 시험을 볼 수도 있고, 수행평가를 실시할 수도 있다. 중요한 것은 성적을 매기는 것이 아니라, 학생이 무엇을 잘하고 무엇이 부족한지 확인하여 피드백을 주는 것이다. 학생은 교사의 피드백을 받고 자신이 무엇을 어떻게 해야 더 성장할 수 있는지 알아야 한다. 그리고 피드백을 바탕으로 다시 해 볼 수 있는 재도전의 기회로 삼아야 한다. 이러한 과정을 통해 세심하게 개별 맞춤형 지도를 추가하면서 부족한 것을 채워 나갈 수 있다. '피드백과 재도전', 이 두 단어가 이어질 때 비로소 배움이 충실해지고 학생은 성장한다.

〈총괄평가〉는 진단평가와 형성평가를 통해 쌓아 올린 지식, 기능, 태도를 총체적으로 확인하는 평가이며 분기나 학기가 마무리되는 시점에 실시한다. 전통적인 중간·기말고사도 총괄평가라 할 수 있다. 하지만 그동안은 주로 오지선다형 평가를 했기 때문에, 이를 진정한 총괄평가로 보기 어렵다. 학생의 학력을 종합적으로 확인하려면 서·논술형 평가를 포함해야 한다. 오답을 가려내고 정답을 찾는 평가가 아니라 학습 과정에서 성장한 내용을 쓰는 평가이다. 그래야 학생의 논리력, 창의력, 비판력을 종합적으로 확인할 수 있다.

하나 더. 평가도 중요하지만, 평가 결과를 학부모에게 알기 쉽게 안내하는 것 또한 평가만큼 중요하다. 그래야 학부모가 학생의 성장 결과를 정확하게 이해하고, 부족한 부분을 채울 수 있도록 구체적인 도움을 줄 수 있다. 하지만 전통적인 성적표는 점수만 나올 뿐, 그 점수가 무엇을 의미하는지 알려 주지 못했다. 학기 말 학교생활기록부에 적힌 '세부능력 및 특기사항' 역시 '그저 좋은 말'만 형식적으로 나열되어 있을 뿐이다. 아이가 어떤 교육과정을 거쳐서, 어디로 향하고 있는지를 담아낼 수 있는 평가, 그것이 우리가 지향해야 할 새로운 총괄평가의 모습이다.

그래서 이제는 〈대안적 통지표〉가 필요하다. 여기에는 점수뿐만 아니라 학생들의 성장 과정과 결과가 상세하게 적혀 있어야 한다. 그리고 학부모가 자녀를 위해 무엇을 해야 할지 알려 주는 내용도 적혀 있을 것이다. 강원도 교사들은 한때 '행복성장평가표'를 스스로 만들어 학부모에게 안내해 주었다. 하지만 어느 순간부터인가 이 움직임이 시나브로 사라졌다. 그래서 지금은 '공식적인 점수' 혹은 '형식적 문장'만 나열할 뿐이다. 학생의 성장과 변화 과정을 제대로 알려 주지 못하고, 학부모가 알 권리도 보장하지 못해 아쉬움이 남았다.

이제 다시 시작해야 한다. 강원 선생님들과 함께 새로운 학력 통지표를 개발할 것이다. 그 안에는 학생의 배움이 시간의 흐름 속에서 어떻게 자라났는지 꾸준히 기록될 것이고, 학부모들은 자녀의 학습 상황을 더 정확히 이해할 수 있을 것이다.

3월 진단평가와 상담주간, 7월과 12월 총괄평가와 상담주간을 체계적으로 운영할 것이다. 이로써 강원의 아이들은 진짜 학력을 갖추는 것에 한 발 더 가까워질 것이다.

공부는 효율적이어야 한다

내 아이는 공부를 참 안 하는 것 같지만, 여러 국제 지표에 따르면 대한민국 학생들은 다른 나라에 비해 월등히 많은 시간 동안 공부한다. 학교와 학원에, 야간 자율학습까지… 하루 24시간 중 책상 앞에 머무는 시간만 도대체 얼마일까? 하지만 분명한 건, 의자에 엉덩이 붙이고 있는 시간이 반드시 학습의 성과로 귀결되지 않는다는 것이다.

공부는 효율적이어야 한다. 많은 지식을 무조건 암기하는 시대는 지났다. 학생마다 배우는 스타일이 다른데, 학생의 적성을 무시하고 똑같은 방법으로 가르쳐서도 안 된다.

학력을 키우려면 적정한 학습의 '양'도 필요하지만, 더 중요한 것은 학습의 '질'이다. 효율적 학습은 책상에 억지로 오래 앉아 있는 것이 아니라, 깊이 있게 학습하여 더 오랫동안 기억에 남게 하는 것이다. 인지심리학에서는 이를 단기 기억과 장기 기억의 개념으로 설명한다.

에빙하우스의 망각곡선 이론에 따르면, 일시적으로 암기한 것은 단기 기억으로 남는다. 하지만 이는 곧 잊어버리고 만다. 아무리 많은 양을 외워도 효율성이 떨어진다. 외운 것을 이해하고, 다른 사람에게 설명해 보고, 실생활에 적용해 봐야 장기 기억으로 저장된다. 원리를 제대로 이해하면 장기 기억으로 저장되고, 이를 언제든지 다시 인출해 다른 상황에도 적용할 수 있다. 이럴 때 학습 효율이 높아진다.

효율적인 학습으로 장기 기억을 쌓으려면 학습 방법도 효과적이어야 한다. 배운 것을 학생이 스스로 정리해 봐야 한다. 노트 정리가 필수적이다. 노트에 손으로 기록하며 구조화하는 과정이 기억을 단단히 다지는 비결이다.

하지만 요즘 학생들은 숏폼 같은 영상에 익숙해져서, 손으로 필기하며 정리하는 방법이 서툴다. 효율적인 노트 필기법이 필요한 이유다. 배운 내용을 스스로 요약하고, KWL(이미 알고 있던 것, 더 배우고 싶은 것, 새롭게 알게 된 것) 차트 방식으로 정리하도록 해야 한다. 매일 30분 배운 것을 복습하고, 스스로 노트 정리하는 것, 이 작은 실천이 '기적의 학습법'이며, 학습 효율을 높이는 방법이다.

효율적으로 학습하려면 집중력이 높아야 한다. 똑같은 시간을 공부하더라도 학생마다 기억에 남기는 것이 다르다. 특히 디지털 세대는 장기 집중력이 약하다. 짧은 영상에 익숙해져 있다 보니, 조금만 시간이 길어져도 집중력이 떨어진다. 이 영역에서도 균형의 회복이 절실하다. 스마트폰을 오랜 시간 쓰면 청소년의 두뇌와 정서 발달에 어려움이 생긴다는 연구 보고서가 쏟아져 나오고 있다. 아이들이 스마트폰을 내려놓고 책을 펼칠 수 있도록, 손으로 쓰면서 몸이 기억하도록 환경을 만들어 주어야 한다. 사색에 잠기고 쉬는 시간도 중요하다. 그래야 두뇌가 활성화되고, 스스로 배운 내용을 정리하고 장기 기억에 저장할 수도 있다. 진짜 강원교육은 학교와 학부모가 함께 '스마트폰 프리' 캠페인을 통해, 학생들의 스마트폰 노출을 최대한 줄이고 늦출 것이다. 대신 책 읽는 즐거움을 알게 하고, 몸을 쓰는 기쁨을 느끼게 만들 것이다.

학습을 효율적으로 하려면 심리적인 측면도 중요하다. 요즘 학부모님을 만나 보면, 자녀가 자기조절 능력이 부족하다고 고민을 많이 하신다. 이런 문제는 개인의 타고난 성향이나 가정에서 노력할 문제로만 여길 일이 아니다. 스스로 목표를 세우고 조절하며 수행하는 능력을 키워 주는 것 또한 중요한 교육의 목표이기에, 학생의 뇌 발달을 기반으로 집중력, 자기조절력을 키우고 정서적 안정을 통해 학습의 질을 높일 수 있는 시스템을 구축하는 것도 적극 검토해야 한다.

자기조절력이 부족하면 공부를 하다가 자기도 모르게 딴짓으로 샌다. 또한 실패를 거듭해 자기 자신에 대해 부정적으로 생각할수록 마음의 근력이 약해진다. 자신에 대해 긍정적으로 인식하고 자신의 감정과 생각을 잘 알아차릴 수 있는 마음근력이 향상될수록 자기조절력도 강화되고 뇌의 전두엽 기능이 활성화되어 학습의 효율성이 높아진다.

결국 효율적인 학습을 하려면, 교사가 학습전략 코치가 될 필요가 있다. 학부모도 자녀의 집중력, 자기조절력을 높일 수 있는 학습 코칭 방법을 알아야 한다. 교사 연수와 학부모 연수 프로그램에 '학습 코칭법' 교육을 획기적으로 강화하여, 가정과 학교의 협력을 통해 자기조절력과 바람직한 공부 습관을 아이가 가질 수 있도록 도울 것이다. 이렇게만 된다면, 부모님들의 양육 고민도 상당수 사라질 거라고 확신한다.

수업은 어떻게 달라져야 하나?

선생님들에게 교실 상황을 듣다 보면 걱정에 잠기게 된다. 가장 대표적인 것은 수업 시간에 엎드려 자는 학생들이다. 학교마다 다르겠지만, 한 고등학교 선생님은 "수학 시간에 수업을 집중해서 듣는 학생들이 10%도 안 된다. 절반 이상이 엎드려 잔다."는 고백을 한다.

또 다른 선생님은 이런 이야기도 한다. 중학교 때 수포자가 워낙 많아서, 수학을 포기하지 않는 것만으로도 소위 '수도권 진학'이 훨씬 유리해진다고. 물론 대입만을 위해서 수학 공부를 하는 것은 아니지만, 수업 시수가 가장 많은 과목 가운데 하나를 '포기'하고 책상에 일찌감치 엎드리는 아이들이 참으로 안타깝다.

비단 수학 교과만의 문제는 아닐 것이다. 일단 아이들이 깨어 있어야 배울 것이고, 또한 제대로 배워야 공부의 능률도 오를 것이다. 그래서 더욱 절실한 것이 수업을 혁신하기 위한 노력이다. 그렇다면 수업은 어떻게 달라져야 할까?

2022 교육과정은 '핵심 개념'과 '핵심 아이디어'를 강조한다. '단편적 지식의 암기를 지양하고 핵심 아이디어를 중심으로 학습 경험의 폭과 깊이를 더할 것'을 강조한다. 핵심 개념과 핵심 아이디어는 단편적 지식은 모두 잊어버려도 머릿속에 남아야 할 근본적인 지식과 원리, 깨달음을 의미한다.

교육과정을 존중한다면, 교사는 핵심 아이디어를 중심으로 수업을 설계해야 한다. 역사 교육에서도 단편적 사건을 넘어서는 원리, 즉 지속과 변화, 과거와 현재, 보수와 혁명과 같은 개념을 학생이 이해하도록 해야 한다. 수학 시간에 무조건 함수와 통계의 문제 풀이를 익히도록 하는 것이 아니라, 연관성과 패턴 같은 핵심 개념에서 수학적 원리를 발견하도록 해야 한다. 수학은 논리를 세우고 생각하는 학문이기 때문이다. 그래야 하나를 배우더라도 열을 하는 문일지십聞一知十의 경지에 도달할 수 있다.

학생들이 핵심 아이디어를 이해하려면, 교사가 '핵심 질문'을 던져야 한다. 학생이 핵심 질문을 스스로 생각하며 탐구하도록 해야 한다. 수학 시간에 평균과 중간값을 구하도록 하는 것만이 아니라 "평균은 대푯값으로 어떤 장점과 단점이 있을까?", "사회복지 정책은 왜 평균이 아니라 중간값을 중시하는가?", "통계를 잘못 해석하면 현실을 오해하게 되는 대표적인 사례는 무엇일까?" 같은 질문을 던져야 한다. 학생이 그 질문에 흥미와 호기심을 갖고, 친구들과 머리를 맞대며 스스로 탐구해야, 수학적 원리를 깨달을 수 있다. 그래야 '수포자'가 생기지 않는다.

이를 위해 교사는 '교육과정-수업-평가 혁신'을 추구해야 한다. 먼저 교육과정을 재구성해야 한다. 국가 교육과정을 있는 그대로 전달하는 것이 아니라, 교사가 자율적 전문성을 바탕으로 학생의 삶과 연계해 교육과정을 새롭게 재해석해야 한다. '많이' 전달하는 것이 중요한 것이 아니라 '깊이' 배울 수 있도록 해야 한다. 그러려면 교육과정의 분량과 난이도를 조절해야 하고, 학생의 삶과 연계된 자료를 발굴해야 한다. 그래야 학생의 문제 해결 능력, 창의적 사고력, 의사소통 능력 같은 고차원적인 사고력을 기를 수 있다.

수업에서는 학생이 스스로 사고하는 것을 촉진해야 한다. 문제기반 학습, 토의·토론 학습, 프로젝트 학습 같은 참여형 수업이 필요하다. 이 수업의 핵심은 학생이 다양한 학습활동을 통해 깊이 있는 개념에 도달하도록 하는 것이다. 학생이 단순히 과제를 수행하는 데 그치지 않고, '왜 이런 결과가 나왔는가'를 탐색하는 과정에서 사고의 깊이를 키우도록 설계해야 한다. 이렇게 이야기하면, "강의식 수업이 나쁜 것인가?" 하는 질문이 나올 때가 있는데, 그렇지 않다. 누누이 얘기하지만 '균형'이 중요하다.

수업의 결과는 평가를 통해 확인해야 한다. 학생을 줄 세우는 평가가 아니라 교육목표에 이르렀는지를 확인하는 평가, 학습의 과정에서 피드백을 주는 평가, 피드백을 바탕으로 재도전할 기회를 주는 평가, 그래서 모든 학생의 성장을 돕는 평가가 이루어져야 한다. 이를 '성장중심평가'라고 한다. 이는 '학생의 잠재력과 가능성을 확인하고 이를 현실화하기 위해 다양한 기회와 도움을 제공하여 모든 학생이 성장할 수 있도록 돕는 평가'이다.

이러한 '교육과정-수업-평가 혁신'이 모든 학교에서 원활하게 이루어지려면 일정한 벤치마킹 모델과 실천할 수 있는 '틀'이 필요하다. 이것을 '교육과정 프레임워크'라고 한다. 요즘 강원교육 일각에서 도입을 추진하는 IB^{International Baccalaureat}(국제 바칼로레아)가 대표적인 교육과정 프레임워크이다. IB는 수십 년 동안 전 세계적으로 검증을 거친 프레임워크를 적용할 수 있고, IB가 추구하는 학력관은 앞서 진짜 강원교육이 추구하는 진짜 학력의 핵심 요소와도 맥락을 같이 한다. IB 학교에서는 모든 교사가 동일한 교육과정 프레임워크를 바탕으로 교육과정을 개발하고, 수업과 평가를 혁신하도록 돕기에 효율성도 높다.

물론 반드시 IB일 필요는 없다. 무엇보다도 모든 학교가 IB 인증을 받기에는 인증 비용을 감당할 수 없다. 진짜 강원교육은 전략적으로 선정한 IB 운영학교를 참고하여, 강원도 현실에 맞는 교육과정 프레임워크를 새롭게 만들 것이다. '강원도형 교육과정 프레임워크', 이른바 'GB-강원 바칼로레아Gangwon Baccalaureat'이다. 우리 강원의 아이들을, 진짜 학력을 갖춘 세계시민으로 길러 내는 GB. 최고의 전문가들과 강원의 선생님들이 폭넓게 참여하여 우리나라 최고의 교육과정, 강원도 교육과정을 개발할 것이다.

한편, GB는 'Gangwon Great Books'의 약자이기도 하다. 미국의 세인트존스대학은 세부 전공 없이 4년간 100권의 고전을 읽고 토론하는 방식의 세미나 수업으로 유명하다. 이 세미나 명칭이 바로 GB-위대한 책Great Books이다. 도내 대학의 여러 교수님과 선생님들의 노력으로 청소년 대상의 GB 세미나가 확장되고 있다. 진짜 강원교육은 이런 반가운 흐름을 적극 받아안아 공교육에 도입할 것이다.

강원도 교육과정 전문가, 학자, 교사, 학부모, 시민이 모두 참여하여 초중고 학교 급별로 학생이 반드시 읽어야 할 책을 선정할 것이다. 이 과정은 축제와 같을 것이고, 강원의 학생이라면 누구나 입학할 때부터 졸업할 때까지 이 책들을 자연스레 읽고 토론하는 기회를 갖게 될 것이다. 재밌게 읽고, 진지하게 이야기 나누며, 글 쓰는 기회가 늘어나면서, 자기 자신과 세상에 대한 이해와 문해력이 쑥쑥 자랄 것이다. 프랑스 바칼로레아 시험처럼 정답이 없는 논술, 폭넓은 사고력이 필요한 평가에 유독 강한 강원의 아이들로 자랄 것이다. 강원 학생의 진짜 학력은 이렇게 쑥쑥 성장하게 될 것이다.

느린 학생은 친절하게, 잘하는 학생은 더 잘하게 돕는 교육

학교 공부민으로 부족한 학생은 방과후에, 교육청괴 지역사회의 도움을 받게 될 것이다. 수업 시간에는 언제나 선생님이 도와준다. 때로는 따로 수업을 받거나 교실 안에서 협력교사나 전문가의 지원을 받을 수 있다.

학교 공부만으로 부족한 학생에게는 〈공공 과외〉를 제공할 것이다. 일정한 자격을 갖춘 분들을 바탕으로 공공 과외팀을 꾸리고, 학생들은 자기 동네에서 최고의 공공 과외를 받을 수 있다. 배움의 즐거움, 탐구의 희열을 느끼며 모든 학생이 성장하게 된다.

잘하는 학생은 더 잘하게 도와주어야 한다. 영재도 외롭다.

특정 분야에서 뛰어난 아이들은 일반 수업이 지루하기 마련이다. 최근에는 학생들 사이에 의학 및 이공계 선호도가 매우 높은데, 지나친 수학 선행 반복 학습이 때로는 아이들의 지적 호기심을 떨어트리기도 한다. 이런 학생들에게는 '탁월성 교육'을 제공해야 한다. 중학교 단계부터 수학과 과학 심화 학습 그리고 대학과 협력한 심화탐구 프로젝트를 지원할 것이다. 방학에는 대학 연구실에 가서 '작은 학자' 경험을 하게 된다.

이 모든 정책의 목표는 하나로 귀결된다. 학생이 배움을 즐기고, 바람직한 학습 습관을 갖추며, 학생의 특성에 맞는 적절한 지원을 통해 자신의 잠재력을 꽃피우고, 삶과 공부가 통합된 민주시민으로 자라는 것. 그것이 진짜 강원교육이 지향하는 가치다.

03

학교와 지역공동체가 함께하는 방안은 무엇일까?

미래성장진로특구와 마을교육공동체, 지역사회를 살아 있는 교과서로

지역 인사를 만나다 보면, "학교는 지역사회의 섬"이라는 말을 종종 듣는다. 문학적 비유이면서 동시에 교육 현실을 날카롭게 비판하는 의미가 담겨 있다.

직관적으로 해석하자면, 학교가 물리적으로는 지역사회 내부에 있지만 정서적으로는 '동떨어진' 존재라는 의미일 것이다. 학교는 분명 지역사회 한가운데 있다. 같은 동네에 있고, 학생들은 대부분 그 지역 주민의 자녀다. 하지만 실제로는 지역사회와 교류가 거의 없이 고립된 공간인 경우가 많다.

지역 주민 관점에서 봤을 때, 학교가 교육계의 제도와 관행에 따라 운영되는 것이 심리적 거리감의 가장 큰 원인이다. 지역에 거주하지 않고 먼 거리에서 출퇴근하는 교사, 순환보직으로 수시로 바뀌는 교직원, 보안 이유로 굳게 닫힌 교문 등은 모두 학교를 하나의 '섬'처럼 느끼게 만든다.

학생 관점에서는 학교에서 지내는 삶과 지역사회에서 지내는 삶이 단절된 것도 '섬'이 되는 이유다. 학교에서 배우는 내용이 지역 현실이나 문화와 동떨어져 있다면 아이들은 자신의 삶과 교육이 따로 노는 경험을 하게 된다. 스마트폰과 소셜미디어가 보여 주는 세상은 그런 경험을 더욱 부추긴다. 결국 '내가 사는 동네는 낙후된 곳, 공부 열심히 해서 떠나야 하는 곳'이라는 인식으로 이어지기도 한다.

학교와 지역사회가 협력해야 할 필요성을 이야기하면, 이견을 제기할 사람은 많지 않다. 실용적인 관점에서 보자면, 학교와 지역사회의 협력은 서로에게 이익이 되는 구조이기 때문이다. 학교와 지역사회의 인적·물적 자원을 공유하면 상호 보완할 수 있고 협력이 가능하다. 공원이나 체육 시설이 충분히 갖춰지지 않은 지역에서 학교는 운동장과 체육관, 주차장 등을 개방하여 지역 주민에게 체육 활동 공간을 제공할 수 있다. 또한 학부모 교육이나 평생교육 프로그램을 운영함으로써 지역 주민에게 배움의 기회를 줄 수도 있다. 반대로, 학교는 지역사회의 인적·물적 자원을 활용함으로써 풍부한 교육 활동을 펼칠 수 있다. 학부모나 마을 주민들이 자원봉사자로 참여하면 교육 활동이 더 다양해지고, 지역 복지 기관이나 시민단체와 협력해서 다양한 교육 프로그램을 운영할 수도 있다.

하지만 이러한 실용적 접근은 현실에서 종종 벽에 부딪힌다. 학교 처지에서는 시설을 지역에 개방할 경우 관리해야 하는 부담이 늘어나고 추가 업무가 발생한다. 시설 임대료를 받더라도 금액이 많지 않으며, 그 혜택이 교사나 시설 관리자에게 직접 돌아가는 것도 아니다. 또한 지역 인사를 방과후 활동이나 창의적 체험 활동의 외부 강사로 섭외하려고 해도 인적자원을 파악할 수 없거나 번거롭기 마련이고, 외부 체험 활동이나 학생의 특수한 상황을 돕기 위한 과정도 교육청의 지원 사업으로 대부분 해결할 수 있다. 문구류 구매도 지역의 문구점보다 온라인 쇼핑이 더 편하다.

연대란 사람과 사람이 관계를 맺는 데서 출발하는데, 공립학교의 인사 제도는 이를 지속하기 어렵게 만든다. 평교사는 보통 몇 년마다 이동하고, 교장·교감·행정실장 등은 그보다 더 짧은 기간만 근무하는 경우가 많다. 반면 지역 주민들은 대체로 오랜 기간 한 지역에 머문다. 따라서 학교와 지역이 좋은 관계를 맺더라도, 시간이 지나면 그 연대의 주체가 바뀌어 관계가 단절되기 쉽다. 교원 전보 주기를 늘리거나 제도를 폐지하는 것도 어려운 현실이다. 지역 간 격차가 있어서 교사들의 반발이 크기 때문이다. 또한 교사 대부분은 해당 지역 주민이 아니며, 지역사회에 대한 관심 또한 낮을 수밖에 없다. 그 결과 학교

와 지역사회의 관계는 느슨하게 유지되거나, 아예 단절되기도
한다.

지역사회는 살아 있는 거대한 교과서

결국, 학교와 지역사회의 협력은 '실용적 설득'을 넘어 '가치의
공유'가 필요하다. 그 과정이 다소 번잡하고 힘들더라도 아이
들의 건강한 성장에 반드시 필요하다는 '학생 중심'의 가치 말
이다. 물론 협력의 어려움을 줄이기 위한 적극 행정은 교육청의
책임이다.

학생의 변화를 학교만의 힘으로 이끄는 데는 한계가 있다.
가정과 지역사회가 반드시 함께해야 한다. 실제로 지역의 문화
와 분위기는 학생들에게 직접적인 영향을 미친다. 활기찬 지역
에서 자란 학생들은 긍정적 에너지를 키우지만, 쇠락한 지역의
학생들은 상대적으로 위축되고 힘든 환경에 놓이기 쉽다. 마을
공동체가 살아나고 가정·학교·지역이 연대할 때 학생이 바람
직하게 성장할 수 있다. 학생들이 자신의 고향을 사랑하고, 그
속에서 살아가는 부모의 삶을 긍정적으로 바라볼 때 자존감
이 형성된다.

또한, 학생의 배움은 교실이라는 한정된 공간 안에서만 완
성되지 않는다. 참된 배움은 교과서 속 지식을 실제 삶의 맥락

에서 이해하고, 사회문제를 스스로 해결해 보는 과정에서 이루어진다. 그런 점에서 지역사회는 학생들에게 가장 크고 생생한 교과서라 할 수 있다.

지역사회에는 다양한 사람들이 살아가며, 그 속에는 역사와 문화, 산업과 환경, 복지와 갈등 같은 현실적 주제들이 존재한다. 학생들이 이 속에서 배움을 확장할 때, 교과서에서 배운 지식은 단순한 '정보'가 아니라 '이해'로 바뀐다. 예를 들어, 지역 하천의 수질을 조사하는 과학 수업은 환경이나 종 다양성이라는 딱딱한 개념을, 자신이 사는 마을의 생태를 이해하고 지키려는 실천으로 연결한다. 마을 할아버지가 겪은 전쟁의 기억을 인터뷰하는 역사 수업은, 재미없던 지식을 이해와 공감으로 연결한다. 이런 경험은 단순한 학력 이상의 가치, 즉 삶의 방향과 책임감을 배우는 시민교육으로 이어진다.

결국 지역사회는 단순한 공간적 배경이 아니라, 학생의 배움이 뿌리내릴 살아 있는 교과서다. 학교가 지역과 연결될 때 배움은 현실의 문제와 맞닿게 되고, 학생은 자기 지역을 이해하고 사랑하는 시민으로 성장할 수 있다. 교육의 목표가 단순히 '지식을 아는 사람'을 넘어 '공동체와 개인의 삶을 이해하고 실천하는 사람'을 길러 내는 것이라면, 학생들의 배움은 반드시 지역사회라는 거대한 교과서 속으로 걸어 나가야 한다.

지역사회와 함께 만드는 진로특구와 마을교육공동체

보수 교육감 재임 기간에 강원교육과 지역사회의 협력은 극단적으로 후퇴했다. 우선 도내 수십 개 온마을학교를 지원하던 마을교육공동체 예산이 삭감됐다. 온마을학교는 마을 주민들이 아이들을 위해 조직한 자발적 결사체였다. 마을 돌봄, 진로체험, 인문학 교육 같은 활동은 학교교육의 부족한 점을 채워주었지만 지금은 교육청의 무관심 속에 하나둘 사라지고 있다.

생태환경, 문화예술 교육 등 지역 시민사회와 협력하는 예산도 삭감되었다. 학부모회나 학교운영위원회 등과 협의하는 문화도 후퇴했고, 교육감 측근이 회장 선거에 개입했다는 의혹으로 소송이 제기되는 등 볼썽사나운 꼴만 보였다.

정부 정책을 바탕으로 지자체와 협력하는 교육발전특구 정책을 시행하였고, 1차 춘천·원주·화천, 2차 강릉·동해·삼척·태백·정선·평창·영월 등 10개 시군을 특구로 지정했지만 성과는 불분명하다. '지역 소멸 위기 극복'이라는 명분을 걸었지만 애초에 교육청의 의지가 느껴지지 않았고, 그나마 예산 지원도 지연되면서 사업의 지속 여부가 흐릿해지고 있다.

이 모든 현상의 근본적 원인은 교육감이 지역 협력에 대한 철학과 의지가 없기 때문이다. 더 극단적으로 말하면, 학생들을 지역사회와 격리하고 교실 속 문제집에 가두고자 하기 때문이다.

앞서 말한 것처럼, 지역사회는 살아 있는 거대한 교과서다. 새로운 교육감은 학교가 수월하게 지역사회와 협력하며 학생들에게 더 좋은 배움을 선사할 수 있도록, 정교한 지역 협력 플랫폼 정책을 설계하고 추진해야 한다.

구체적으로는 현재 운영하고 있는 교육발전특구 사업을 개편해서 〈미래성장진로특구〉 운영을 제안한다. 진로특구는 단순히 학교 밖에서 하는 일회성 체험 프로그램이 아니라, 교육의 중심을 학생·지역·삶으로 이동시키는 교육 패러다임을 전환하는 플랫폼이다. 구체적인 설계도를 그려 보면 다음과 같다.

공동 교육 주체로서 교육청-지자체-기업-대학-기관 사이의 협력망을 구축하고 정책 협약과 조례를 제정해 제도적으로 지속가능성을 확보한다. 특구 사업에 참여하는 시군에는 진로체험지원센터를 구축하고, 상주 전문가로서 진로 코디네이터를 둔다. 코디네이터는 학생 맞춤형 진로 상담·설계와 다양한 진로 체험 프로그램을 기획하고 운영을 총괄한다. 더불어 지역의 다양한 전문가를 진로시민강사로 위촉하고 진로 멘토링에 적극 참여시킨다. 다양한 온마을학교가 협력 주체로 진로특구에 참여하며 기업체·문화공간·농장 같은 지역사회 전체가 학습 공간이 된다.

학교는 교육과정의 필요에 의해, 학생은 개인적 동기에 의해 플랫폼에 접속하여 다양한 진로 탐색 프로그램이나 1:1 멘토링 프로그램을 신청할 수 있다. 만개滿開의 동아리 전문강사 지원도 함께 운영된다. 학생마다 학교 안팎의 개별화된 교육을 경험해서 그것을 잘 기록하고, 인공지능의 분석이 더해지는 포트폴리오 시스템 구축도 함께 이루어질 것이다.

지방 소멸 위기를 막는 방파제, 유·초·중·고 복합 캠퍼스

최근 지역 학부모들과 간담회를 하다 보면, "교육 당국이 우리 아이들을 방치하고 있는 것 같다"는 하소연을 종종 듣는다. 학생 수가 점점 줄어 존폐 위기에 처한 학교 이야기다. 예전에는 어떻게든 작은 학교를 지키려는 노력이 반갑고 고마웠지만, 경제적 형편이 되는 가정은 점차 떠나고, 곧 문을 닫을 것 같은 분위기 속에서 근근이 버티는 학교가 안타깝고 불안하다는 것이다. 작은 학교가 정겨운 배움터인 것은 분명하지만, 인구 절벽의 압력은 거세다.

중학교와 고등학교 현실은 더욱 심각하다. 청소년기는 다양한 친구와 어울리며 사회성을 기르고, 동아리와 체험 활동을 하면서 진로를 탐색해야 하는 시기다. 하지만 소규모 학교에서는 또래 관계가 고정되고 경험의 폭이 좁아지기 쉽다. 헌신하는 교사들이 있지만, 동아리 활동이나 진로 체험의 기회를 넓히기에는 한계가 많다. 국가정책인 고교학점제도 지역 소규모 고등학교에서는 과목을 개설하는 게 제한적일 수밖에 없다. 일부 읍면 지역에서는 과학 전공 교사조차 확보하지 못하는 학교도 생기면서 학생들은 교육 기회의 불평등을 고스란히 감당하고 있다.

지금까지는 '작은 학교를 지키자'는 목소리가 힘을 얻었다. 그것이 교육의 공공성을 지키는 길이었기 때문이다. 물론 저학년 시기에 장거리 통학은 피해야 한다. 유치원과 초등학교는 집 가까운 곳에서 다니는 것이 가장 바람직하다. 하지만 고학년이 된 아이들에게는 더 넓은 세계를 만나며 성장하는 경험이 무엇보다 중요하다. 이제는 단순히 '학교 존속'을 넘어, '내 고장 아이들이 어떻게 질 높은 교육을 받을 것인가', '지역의 교육력을 어떻게 지킬 것인가'라는 근본적 질문에 답할 시점이다.

그 해답 가운데 하나는 지역 거점에 〈유·초·중·고 복합 캠퍼스〉를 구축하는 것이다. 유치원부터 고등학교까지 한 부지에 모아 규모를 확보하고, 교육청과 지자체가 협력해 최선의 교육 환경을 제공하는 방식이다. 교육청은 학교 운영과 교육과정을 책임지고, 지자체는 방과후 문화·체육 활동과 학습 지원을 맡는다. 돌봄, 도서관, 체육관, 진로센터를 연계해 '학교-지역사회'가 하나의 교육 생태계를 이루어야 한다. 에듀버스와 맞춤형 택시를 결합해 안전하고 편리한 등하교 시스템을 잘 갖추어야 하는 것은 두말할 나위가 없다. 여기에 학령기 자녀가 있는 교사에게 가족이 함께 거주할 수 있는 지역 관사를 지원한다면 선생님은 원거리 통근 부담을 덜고 교육에 전념할 수 있어 교육의 질도 높아질 것이다.

누군가는 이러한 구상을 작은 학교 통폐합 정책이라고 오해할 수도 있지만, 그렇지 않다. 캠퍼스 구축 전에 인위적인 통폐합을 추진할 의도가 없다. 다만 한계에 봉착한 작은 학교를 유지하기 위해 아이들에게 더 좋은 교육 환경을 주고자 하는 노력을 포기할 이유는 없다고 강조하고 싶다.

초등학교 경우에는 가능하면 집 근처에서 통학할 수 있도록 작은 학교를 유지하고, 오히려 더 지원했으면 한다. 지역 상황에 따라, 유치원-초등학교 통합학교, 초등-중학교 통합학교를 시범으로 운영하면서 '기본학력 개별회 교육 선도학교'로 지정하는 것도 충분히 검토할 필요가 있다.

아이들의 미래는 곧 지역사회의 미래다. 부모님들이 코앞에 닥친 지방 소멸 쓰나미 앞에서 '과연 아이를 잘 키울 수 있을까' 불안을 거두게 하려면, 교육청과 지역사회가 함께 튼튼한 방파제를 쌓아야 한다. 그래야 인구 유출을 막고 지역공동체가 지속가능한 힘을 가질 수 있다.

교육의 새로운 협치 모델, 교육상생협의회

오늘날 사회의 갈등 양상은 점점 복잡해지고 있다. 사회집단마다 상충되어 이해관계가 얽힌 문제를 행정 지침이나 법적 절차만으로 해결하기는 점점 어려워진다. 교육 현장도 마찬가지다. 학교는 교사, 행정공무원, 교육공무직, 학부모, 지역사회 같은 다양한 주체가 함께 얽혀 있는 복합적 조직인데도, 정책을 결정하고 문제를 해결하는 과정은 대부분 행정기관 중심으로 이뤄져 왔다. 수많은 협의회와 위원회가 존재하지만, 다소 형식적인 운영에 머무르는 경우가 많아 실질적 협치와는 거리가 멀었다. 그 결과, 여러 정책 현안은 주체 간 갈등으로 번지기 일쑤고, 정책 추진력을 확보하기도 쉽지 않은 현상이 만성화되고 있다.

어떻게 하면 교육을 둘러싼 다양한 주체들 사이에 생기는 갈등을 예방하고, 소통과 협치 구조를 만들 수 있을까? 참고할 만한 모델이 있다. 노동자, 사용자, 정부, 시민이 함께 참여해 사회적 대화의 장으로 자리 잡아가고 있는 노사민정협의회가 그것이다.

노사민정협의회는 노동계(노), 경영계(사), 시민사회(민), 정부(정)가 한자리에 모여 지역 경제와 노동 현안을 논의하고, 갈등을 예방하거나 조정하는 협의 기구다. 2010년 제정된 「노사관계 발전 지원에 관한 법률」에 근거하여 사회적 대화 기구로 처음 도입된 이 협의회는 현재 대부분의 광역자치단체와 시군구 단위에서 운영되고 있다.

각 지역의 노사민정협의회는 지방자치단체에서 독립된 사무국을 갖추고 고용 안정, 청년 일자리 창출, 산업재해 예방, 노동 존중 문화 확산, 강소기업 지원, 노동약자 보호 등 다양한 의제를 다루며 노사 현안을 '협의'로 풀어 가는 구조를 만들어 왔다. 특히 협의회를 통해 지역 맞춤형 정책을 이끌어 내고, 각 주체가 공동으로 실행하는 과정이 정착되면서 사회적 신뢰를 높이는 데 기여하고 있다.

교육계도 이를 참고삼아 사회적 대화의 틀을 마련했으면 한다. 이를 위해 〈교육상생협의회〉 설립을 제안한다. 이 협의회는 노사민정협의회의 원리를 교육 분야에 접목한 모델로, 교사와 일반직, 교육공무직 같은 다양한 교육노조는 물론, 학생회, 하부모회, 학교운영위원회, 대학, 지역사회 대표 등이 함께 참여하는 협의 기구다.

교육상생협의회는 교육 현장의 주요 의제를 발굴하고, 공동 논의와 합의를 통해 실행 방안을 모색하는 '교육 협치 플랫폼'의 역할을 할 것이다. 예를 들어, △학교 노동환경 개선 및 업무 경감 방안 △학교와 지역 돌봄 협력 강화 △교권 강화 및 학부모 참여 △지역 인재 선발 확대 △학생 복지 및 안전 문제 △스마트폰 프리 운동 캠페인과 학교생활협약 같은 다양한 교육 사안을 주요 의제로 삼아 함께 논의하고 공동 실천을 이끌어 낼 수 있다.

　이러한 협의 구조가 자리를 잡으면, 학교 구성원 간의 상호 이해가 깊어지고, 불필요한 오해나 갈등이 줄어들 것이다. 교사와 일반직 공무원, 교육공무직이 협의체에서 함께 대화하면서 서로의 역할과 한계를 이해하고, 학생과 학부모의 바람을 더 깊이 이해할 수 있다. 학부모와 지역사회는 학교의 현실을 더 정확히 알고 더 적극적인 자세로 학교 운영에 협력할 수 있다. 교육청 또한 현장의 목소리를 직접 듣고 정책에 반영할 수 있어, 행정 중심의 일방적 교육정책에서 '현장 중심의 참여형 정책'으로 전환할 수 있다.

　무엇보다 중요한 것은, 이 협의회가 '학생을 중심에 둔' 대화의 문화를 확산시키는 출발점이 될 수 있다는 점이다. 단순한 회의나 정책을 제안하는 것이 아니라, 꾸준하게 만나고 신뢰를 쌓아 가는 것이 교육공동체의 체질을 바꾸게 된다.

　강원교육은 교육감 또는 특정 단체의 전유물이 아니다. 교사, 학생, 학부모, 지역사회가 함께 만들어 가는 공공의 영역이다. 지금 우리 교육이 안고 있는 여러 문제는 어떤 집단의 잘못이라기보다, 함께 대화하지 못한 결과에 가깝다. 그렇기에 교육상생협의회는 '책임을 분산'하는 것이 아니라 우리 교육과 아이들 미래를 걱정하는 '책임을 공유'하기 위한 구조가 되어야 한다.

학교와 지역사회를 잇는 다리, 행정과 현장을 잇는 창구, 서로 다른 입장을 조율하는 소통의 공간으로서 교육상생협의회가 정착된다면, 교육 현장에 협력의 문화가 확산되는 출발점이 될 것이다.

다시, 학교가 지역사회의 섬으로 남지 않으려면

앞서 지적한 것처럼, 학교는 지역 한가운데 자리 잡고 있지만, 정작 지역사회와는 단절된 '섬'으로 살아가는 경우가 많다. 교문 안에서는 수많은 교육 활동이 운영되지만, 교문 밖 마을의 변화와 목소리는 학교 안으로 쉽게 들어오지 못한다.

하지만 학교는 지역사회의 일부다. 학생들은 지역 주민의 자녀이며, 졸업 후에도 그 지역에서 성장하고 살아갈 가능성이 높다. 따라서 학생의 배움은 교실 안의 교과서에만 머물러서는 안 된다. 지역의 역사, 문화, 산업, 사람들과 연결될 때, 배움은 비로소 살아 있는 경험이 된다. 지역사회는 학생들에게 가장 크고 생생한 교과서이며, 학교는 그 교과서를 함께 읽어 가는 공간이 되어야 한다.

이제 학교가 지역사회와의 단절을 넘어, '상생의 관계'로 나아가기 위한 구조적 변화가 필요하다. 이를 위해 제안한 것이 앞서 언급한 미래성장진로특구와 교육상생협의회다. 진로특구

   강삼영의 모두가 빛나는 강원교육

가 학생들의 배움을 지역과 적극 연계하는 틀이라면, 협의회는 다양한 교육 주체들이 서로 소통할 수 있는 틀이다. 제도적인 지속가능성을 확보하고 일관성 있게 노력할 때, 학교는 지역사회의 신뢰를 회복하고, 교육정책은 행정 중심에서 현장 중심으로 전환될 것이다.

하지만 학교가 지역사회에 마음의 문을 열기 위해서는, 먼저 학교 내부 구성원의 부담을 덜어 주는 구조가 필요하다. 만약 교사가 수업과 생활교육에 더해 지역사회 협력까지 떠안게 된다면, 연대하는 문화를 지속할 수 없다. 따라서 지역사회 협력 분야는 학교장이 중심을 잡고, 교사의 일상 업무가 넘치지 않도록 조율하는 리더십을 발휘해야 한다. 학교장은 지역사회와 협력하는 것을 '추가 업무'가 아니라 '학교의 성장 기회'로 인식하도록 조직의 문화를 바꾸는 역할도 기꺼이 수행해야 한다.

또한 도교육청과 교육지원청의 역할도 매우 크다. 학교가 지역사회에 마음의 문을 열 수 있도록 행정적·재정적 지원을 아끼지 않아야 한다. 각 학교가 개별적으로 지역 기관을 찾고 협약을 맺는 데 어려움을 느끼지 않도록, 교육지원청이 '지역사회 협력 플랫폼'으로서 역할을 적극 수행해야 한다. 또한 학교지원센터를 통해 학교의 업무 부담을 줄이려는 노력도 병행해야 한다. 진로특구를 원활하게 운영하기 위해서는 해당 시군의 교육장과 담당 장학사는 일정 임기를 보장하는 공모제로 운영하는 방안도 검토해 볼 만하다.

　이 밖에도 교육이 지역사회와 상생하는 방안을 적극 고민할 필요가 있다. 예컨대, 지역 어르신들이 사회적 일자리 프로그램을 통해 학교 화단이나 생태 텃밭, 체육관 관리 등을 돕는다면 어떨까. 학교는 관리 부담을 덜고, 지역 어르신들은 일자리를 얻고 보람을 느끼는 진정한 상생의 모델이 될 것이다. 아이들은 마을 어른들과 자주 교류하면서 존중과 예의를 배우고, 학교는 지역의 품 안에서 자라나는 공동체로 거듭날 것이다.

　지역사회와 협력하는 공간은 반드시 학교에만 머물지 않는다. 강원 지역에는 교육문화관 5개와 교육도서관 17개가 시군에 있다. 지금도 평생교육 거점과 도서관으로서 나름의 역할을 하고 있지만, 더 직극적인 역힐을 고민힐 필요도 있다. 예긴대 그림책과 함께하는 마을 돌봄, 지역 전문가들과 학생들이 만나는 학습동아리 활동 같은 다양한 만남과 성장의 공간으로 발전시키는 것이다.

　학교와 교육청이 지역사회의 섬으로 남을지, 아니면 지역과 함께 살아 숨 쉬는 공동체로 거듭날지는 결국 마음의 문을 여는 용기에 달려 있다. 문을 닫으면 섬이 되지만, 문을 열면 다리가 된다. 학교와 지역사회가 서로를 향해 문을 여는 순간, 진정한 교육의 변화는 시작될 것이다.

　　　　　　　　　강삼영의 모두가 빛나는 강원교육

04

바람직한 진학·진로 교육이란 어떤 것인가?

전국 최고 전략팀과 진학 컨설팅 교사가 이끄는
맞춤형 진학 지도

진학과 진로, 어떻게 할 것인가?

아이들에게 물었다. "네 꿈은 뭐니?" 그러면 돌아오는 대답은 늘 비슷하다. "선생님이요." "의사요." "변호사요." 가슴이 두근거리는 대답은 드물다. "제 꿈은 모두가 행복한 사회를 만드는 거예요"라고 말하는 아이는 거의 없다. 선생님, 의사, 변호사는 분명 값진 직업이지만, 그것이 곧 꿈일까? '직업'은 쉽게 말해 '먹고살기 위해 하는 일'이다. '꿈'은 '이루고 싶은 삶의 가치'이다. 그런데 우리는 '꿈'을 곧 '직업'과 혼동하는 경우가 많다. 그래서 아이들의 마음속 작은 불꽃이, 어느새 세상의 틀에 맞춰 조용히 사그라지는 것은 아닐까.

요즘 아이들은 꿈을 물을 때 직업을 떠올린다. 사회가 높이

평가하는 직업, 돈을 많이 벌 수 있는 직업을 먼저 고른다. 하지만 왜 그 직업을 갖고 싶은지에 대한 대답은 쉽게 나오지 않는다. 그 이유는 뭘까. 아마도 우리 어른이 아이들에게 직업의 참된 가치를 알려 주지 못했기 때문일 것이다. 자신이 왜 그 일을 하고 싶은지, 그 일 속에서 어떤 삶을 그리고 싶은지 깊이 생각할 기회를 주지 못했기 때문일 것이다.

"나는 꿈이 없어요"라고 말하는 아이도 많다. 잘하는 것도 없고, 되고 싶은 것도 없다고 한다. 꿈을 키울 기회가 없었기 때문이다. 자기를 발견할 기회를 주지 않았기 때문이다. 그러고는 성급하게 진로를 결정하라고 재촉한다. 중학생이나 고등학생, 나이 어린 초등학생에게조차도 구체적인 진로를 결정하라고 요구하는 것은 너무 버겁다.

'진로'를 곧 '진학'과 동일시하는 것도 옳지 않다. 진학進學은 중학교에서 고등학교로, 고등학교에서 대학교로 올라가는 과정일 뿐이다. 진로進路는 훨씬 폭넓은 의미를 지닌다. 진로는 자신의 길을 찾아 나서는 여정이며, 자신만의 소질과 적성에 맞는 삶의 방향을 고민하는 일이다. 상급학교 진학 이외에 다른 길을 찾는 학생도 있다. 대학에 가지 않고 남들보다 일찍 취업하거나 창업을 하는 청년도 있다. 이들의 삶이 대학 나온 친구의 삶보다 더 풍성한 경우도 너무나 많다.

하지만 우리 사회는 여전히 진학, 진로를 협소하게 이해하는

 강삼영의 모두가 빛나는 강원교육

경향이 있다. 고등학교를 졸업하면 당연히 대학교에 가야 한다고 생각한다. 진학의 성과를 명문대 입학과 동일시하는 경우가 허다하다. 우리는 흔히 진로를 취업이라는 말로 생각하지만, 취업 외에 '창업'의 길도 있다. 덴마크처럼 진로를 모색하기 위해 1~2년 동안 아예 '쉼의 기간'을 줄 수도 있다.

강원교육은 달라져야 한다. 다양한 프로그램과 상담을 통해 자기 자신을 이해하고 탐색하는 과정이 선행되어야 한다. 즉 '자기 이해'라는 교육과정을 신설하여 진로교육을 뒷받침할 수 있는 구조를 만들어야 한다. 학생들이 자기 이해 교육을 통해 자신의 관심사와 흥미, 성격, 적성 등을 파악하고 그러한 이해를 바탕으로 진로를 탐색할 수 있게 선순환하도록 도울 것이다.

대학에 잘 보내려면 어떻게 해야 할까?

대학에 가고 싶은 학생은 대학에 갈 수 있도록 도와야 한다. 수도권보다 사교육 인프라가 부족한 강원도에서는 더더욱 교육청과 학교가 앞장서서 도와야 한다. 대학에 간 아이에게는 아낌없는 칭찬을 보내야 하고, 대입의 뜻을 이루지 못한 아이도 좌절하지 않도록 격려와 지원을 보내야 한다.

보수 교육감들은 오로지 명문대 합격 성과에만 관심을 기울였다. 교육적으로 바람직한 정책은 신경도 쓰지 않았고, 오히려 비교육적 관행을 조장했다. 하지만 대입 성과는 좋지 않았다. 그 이유는 무엇일까? 철학 부재, 전략 오류가 핵심 원인이다.

지난 3년 동안 강원교육은 효과적인 대입 전략에 대해 무지했다. 수능에만 '올인'했고 오지선다형 평가를 늘렸다. 고등학생 야간 자율학습을 늘리는 데에 수백억 원의 예산을 쏟아부었다. 하지만 강원도 학생의 수능 성적은 오르지 않았다. 2024학년도 수능 결과에서 국어와 수학은 전국 최하위를 기록했다.

학력을 높이려면 세 가지를 충족해야 한다. 학습의 양, 학습의 질, 학습 전략이다. 현재의 방과후 자율학습 시간은 학습의 양 하나만 고집할 뿐이다. 그나마도 고등학교마다 학생들 저녁 식사가 남아 잔반을 처리하는 데 곤혹스러웠고, 자율학습 분위기도 좋지 않았다는 평이다.

더 심각한 문제는 풍선 효과다. 야간 자율학습에 힘을 쓸수록 정규 수업에 쏟는 관심과 정성은 약해질 수밖에 없다. 문제풀이 수업에만 몰두하면 학생 심화 탐구 활동의 양과 질은 떨어진다. 실제로 학교 현장에서는 수업 혁신을 위한 노력, 학생부 전형을 위한 탐구 활동 등은 크게 줄어들었다. 그 결과 강원 학생들의 생기부 경쟁력이 떨어졌다.

수능이 공정한 시험이라는 세간의 인식이 있는데, 이는 큰 오해다. 수능은 사교육 혜택을 많이 받는 계층에게 유리하다. 수많은 데이터가 이를 입증한다. 수능은 재수생에게 유리하다.

재학생은 두 번 세 번 수능을 본 재수생을 따라잡기 어렵다. 강원도는 수도권보다 상대적으로 수능 경쟁력에서 불리하다. 그런데도 강원도교육청이 수능에 '올인'한 것은 잘못된 입시 전략이다. 게다가 수능 위주 전형(정시)은 30%이고, 학생부 전형(수시)은 70%이다. 그러니 수능 올인은 심각한 전략적 오류이다.

학생부 전형이 수능 위주 전형보다 강원도 학생에게 유리하다. 학생부 전형은 사교육 영향력이 수능보다 적기 때문이다. 학생부 전형의 성과는 학교 공부를 얼마나 충실히 했느냐에 따라 달라진다. 사교육 혜택을 받지 못하더라도 정규 수업을 충실히 한 학생이 좋은 대입 성과를 거둔다.

최근 서울대가 수능 위주 전형에서도 교과 역량 평가를 반영하기로 했기 때문에 학생부 내용이 더 중요해졌다. 학생이 다양한 과목을 선택할 수 있는 권리를 보장하는 고교학점제에 더 적합한 것도 수능이 아니라 학생부 전형이다.

물론 학생마다 학생부 전형이 맞을 수도 있고, 수능 전형이 맞을 수도 있다. 그러니 균형 잡힌 전략이 필요하다. 지적 탐구력이 왕성하거나 면접에 강점이 있는 학생은 학생부종합전형으로, 내신 성적에 강점이 있는 학생은 수능 최저기준을 충족하면서 학생부교과전형으로 지원할 수 있도록 섬세하게 지도해야 한다. 내신 성적 관리가 어려운 학생은 수능으로 만회할 수 있도록 도와야 한다.

모두의 꿈을 빛나게 해 주는 진학교육

잘못된 전략에 근거해 진학 정책을 펴는 것은 강원도 학생과 학부모들에게 큰 잘못이다. 그렇다면 '다양한 진로, 모두를 위한 수월성'에 바탕을 둔 대안적인 진로교육은 어떤 모습일까?

첫째, 초등학교와 중학교 시기부터 기본학력을 확실히 잡아 줘야 한다. 이 시기에 기본적인 문해력이 뒤처지거나, 영어와 수학 같은 도구 교과를 포기하면 고등학교 때 회복하기 무척 힘들어진다. 현재 고등학교에서 적용하고 있는 최소성취수준 보장지도를 오히려 초등학교와 중학교 때부터 적용해야 한다. 종합적 진단 시스템을 통해 기초학력 부진의 원인을 찾아내 바로잡아 주어야 한다. 읽기, 쓰기, 셈하기, 디지털 소양 같은 기초 능력을 확실히 다져 줘야 한다. 수학 포기자 없는 교실을 만들기 위해 맞춤형 수업을 해 주어야 하고, 쉽게 배우는 대안 교과서를 만들어 보급해야 한다.

둘째, 전국 최고 수준의 진학진로 지원팀을 운영해야 한다. 입시는 매우 복잡하고 자주 바뀐다. 진학 지도는 날로 어려워지고, 그 틈을 비집고 고액 사교육이 성행한다. 강원도에는 진학지도협의회 교사들과 교육청 진학지원관 같은 여러 전문가가 고군분투하고 있지만, 교육청 상주 인력은 고작 두세 명이어서, 해야 할 일에 비하면 늘 사람이 부족하다.

학생들의 꿈과 도전을 내실 있게 지원하려면, 그에 걸맞은 투자를 해야 한다. 진학 빅데이터를 분석하고, 새로운 대입 전략을 짜고, 양질의 교원 연수를 운영하고, 인터넷 강좌와 예체능 실기 지도 강좌까지 운영하려면 지금의 규모로는 부족하다. 국내 최고 수준의 지원팀을 구축해야 한다. 불요불급한 예산만 바로잡아도 충분히 가능한 일이다.

셋째, 학교마다 진학 컨설팅 전문교사를 양성한다. 중위권 학생 중에는 학교가 자신한테 신경을 쓰지 않는다고 서운해하는 학생이 있다. 학교에 진로 상담교사가 있지만 모든 학생을 신경 쓰기 어려운 게 사실이다. 강원도교육청 차원에서 진학지원관 제도를 운영하고 있지만, 현재 그 수가 더 줄어들었다. 그래서 많은 학생이 고액의 대입 컨설팅 시장으로 발길을 돌린다.

앞으로 강원도교육청은 모든 고등학교에 진학 컨설팅 전문교사를 배치할 것이다. 학생 한 명 한 명의 학교생활기록부 학습 이력을 관찰하며, 대학과 학과 정보를 제공하고, 더 신경 써야 할 분야가 무엇인지 개별 맞춤형으로 지도할 것이다. 그렇게 되면 학생의 학습 동기가 샘솟고, 학교가 자신을 존중한다는 느낌을 받을 것이다. 전문교사는 상담교사 및 모든 교사와 협력해 고1부터 체계적인 진학 지도와 생기부 관리를 할 수 있도록 학교 문화를 만드는 역할을 할 것이다.

넷째, 효율적인 대입 학습 전략을 세워야 한다. 수시는 수시대로, 수능은 수능대로 학생에게 필요한 것을 최대한 지원하는 것이 강원도교육청의 책임이다. 수시를 지원하더라도 수능 성적이 필요한 학생이 적지 않다. 그리고 학교 수업만으로 수능을 대비하는 것은 현실적으로 쉽지 않다. 소위 〈강원런〉-양질의 수능 인터넷 강좌를 무료로 운영할 필요가 있다. 야간 자율학습은 정예화해야 한다. 희망 학생을 대상으로 저녁 식사를 제공하는 회원제 학습을 운영하고, 학교마다 스터디 카페를 만들어 학생들이 서로 도우며 학습하도록 하고, 대학생 봉사자를 모집해 멘토링을 진행할 것이다. 경우에 따라서는 '공공 과외' 정책을 통해 학교 수업만으로 부족한 부분을 지원할 것이다.

수시 전략도 새롭게 짤 것이다. 학교생활기록부를 내실 있게 작성하도록 하는 것이 핵심이다. 기본은 학생의 학업역량과 진로역량이 잘 드러날 수 있게 수업을 혁신하는 것이다. 기말고사 이후에는 집중 탐구 주간을 운영해, 전문적인 과학 실험이나 심화 탐구 활동을 하게 할 것이다. 교사의 부담은 최소화하면서, 대학이나 외부 전문가와 연계하는 활동을 활성화해 학생들이 더 깊이 배우고 성장할 수 있는 환경을 만들 것이다.

다섯째, 예체능 진로를 꿈꾸는 학생을 위해 공교육 지원을 대폭 강화해야 한다. 예체능 진로 희망 학생들은 외롭다. 실기 준비는 고액 사교육에 의존할 수밖에 없고, 읍면 지역은 아예 인프라와 정보가 부족하다.

학교에서 이들이 소외되지 않도록 해야 한다. 정규 수업에서도 고교학점제의 취지를 살려 예체능 과목을 확대하고, 전문 강사를 투입할 것이다. 학교 교육과정만으로 부족한 경우는 도교육청이 학생에게 학습 바우처를 제공할 것이다. 읍면 지역 학생의 경우, 지역사회의 인적·물적 자원을 최대한 연계하여 이들 학생이 무료로 예체능 교육을 받도록 할 것이다.

강원도를 사랑하고 강원도를 키우는 인재 양성

강원도 학생들과 대화하다 보면 안타까움을 느낄 때가 많다. "서울로 가야 살 길이 있다"는 생각을 당연하게 받아들이는 학생이 많기 때문이다. '인In 서울'을 곧 사회적 성공처럼 여기는 현실 속에서, 애향심은 점점 설 자리를 잃어 가고 있다. 이러한 '인 서울 신화'는 개인의 문제를 넘어 지역 전체의 존립을 흔드는 심각한 사회문제로 이어지고 있다.

지역 인재들이 경쟁하듯 수도권으로 빠져나가고, 학업을 마친 뒤에도 돌아오지 않는다. 젊은 인구의 유출은 지역 대학의 위축으로, 대학의 위축은 다시 지역 경제의 쇠퇴로 이어진다. 지역의 일자리가 줄어들고 역동성이 사라지면 청년들은 더욱 외부로 향하고, 이 악순환 속에서 지역은 점점 비어 간다. 이것이 바로 오늘날 우리가 직면한 지역 소멸의 악순환 구조다.

이제는 교육감도 이 현실을 정면으로 마주해야 한다. 대학이나 지방자치단체의 소관으로 치부할 것이 아니라, 지역사회 전체의 생존 문제로 바라봐야 한다. 강원도의 지속가능한 발전을 위해서는, 우수한 학생이 강원에서 배우고, 일하고, 살아갈 수 있는 인재 선순환 체계를 반드시 구축해야 한다.

이를 위해 교육청과 지역 대학, 공공기관 등이 참여하는 〈(가칭)지역인재 성장 협의회〉를 만들자고 제안한다. 협의회는 강원도의 인재들이 꿈을 키우고, 지역에서 성장할 수 있는 환경을 만들기 위해 힘쓸 것이다.

첫째, 정부의 '서울대 10개 만들기' 정책에 발맞춰 지방대학 키우기에 힘을 쏟는다. 현재 대한민국의 고질적인 병폐, 치열한 입시 경쟁과 사교육 의존은 대학 서열에서 비롯된다. 이를 극복하려면 '좋은 대학'을 많이 키워야 한다. 우선 국공립대학교부터 시작해야 한다. 지방마다 있는 국립대학교의 교육 수준을 서울대학교 수준으로 끌어올려야 한다. 강원도의 국립대뿐만 아니라 사립대도 좋은 대학으로 육성해야 한다. 그래서 강원도 학생이 강원도 대학교에 진학하는 것이 전혀 이상하지 않은 여건을 만들어야 한다. 그리고 지방 산업 육성과 대학 교육을 연결해야 한다. 이는 곧 지방 균형 발전의 시작이기도 하다.

둘째, 도내 대학의 지역 인재 전형을 확대한다. 「지방대학 및 지역 균형 인재 육성에 관한 법률」에 따라, 비수도권 의대는 신입생의 40% 이상, 강원·제주권은 20% 이상을 지역 인재 전형으로 선발해야 하는 의무가 있다. 정부 권고는 60% 이상이다. 하지만 현실은 아직도 멀다. 한림대학교 의대의 경우 2026학년도 지역 인재 전형 비율이 23%밖에 되지 않아 전국 최저 수준이다. 연세대학교 미래캠퍼스(29%), 가톨릭관동대학교(24%) 역시 40%에 미치지 못한다. 강원대학교(61%)만 60% 이상이다. 반면 전남대학교 의대는 지역 인재 전형으로 76%나 선발한다.

강원도 지역도 의대, 약대 같은 주요 인기학과의 지역 인재 전형 비율을 최소 40% 이상으로 늘려야 한다. 이를 통해 우리 지역에서 배운 학생들이 지역 대학에서 충분히 성장할 수 있다는 믿음을 심어 줘야 한다. 이는 단지 입시 제도의 변화가 아니라, 지역 학생들로부터 대학의 신뢰를 회복하고 지역의 존립 가능성을 높이는 중요한 출발점이다.

셋째, 지역 공공기관과 공기업의 지역 인재 채용 비율을 높인다. 교육청, 지자체, 공공기관이 협력하여 '지역 인재 채용 협의체'를 구성하고, 지역 대학 출신에게 실질적인 기회를 줘야 한다. 지역 고등학교 출신에게 가산점을 줄 수도 있다. 이런 구조가 자리 잡을 때, 지역에서 배우고 성장한 청년들이 굳이 서울로 가지 않아도 자신의 미래를 지역 안에서 설계할 수 있다. 채용 확대는 단순한 일자리 제공을 넘어, 지역 대학의 경쟁력을 높이고, 지역사회 전체의 경제적 활력을 되살리는 동력이 된다.

더 나아가 지역에 좋은 일자리를 확대하고 청년의 취업과 창업을 돕는 정책에 교육청도 적극 협조해야 한다. 청년이 수도권으로 향하는 이유는 지역에 좋은 일자리가 부족하기 때문이다. 좋은 일자리란 단지 돈을 버는 수단이 아니라 삶의 보람을 느낄 수 있는 일자리, 사회에 기여할 수 있는 일자리이다. 이러한 일자리를 우리 사회가 함께 만들어야 한다.

더불어 미래 사회의 변화에 맞는 일자리가 필요하다. 사회적 돌봄, 생태환경 관련 일자리가 대표적이다. 저출생 고령화 사회를 맞아 사회적 돌봄의 중요성이 높아지고 있다. 하지만 현재 돌봄 노동은 대체로 낮은 처우를 받고 있다. 영유아부터 노인에 이르기까지 생애 맞춤형 돌봄 일자리를 창출하여, 우리 사회의 사회적 안전망을 탄탄히 만들어야 한다.

기후위기 시대를 맞아 생태환경 일자리도 대폭 늘려야 한다. 신재생에너지 발전에 적극 투자하고, 강원도의 특성에 맞게 풍력, 태양 에너지 발전을 늘려야 한다. 또한 강원도의 청정한 자연을 지키기 위해 친환경 일자리도 늘려야 한다. 산림 관련 일자리, 친환경 농업 일자리가 늘어나고, 강원의 직업계고와 대학이 조화롭게 인재를 양성하면, 강원의 미래가 함께 밝아질 것이다.

궁극적으로는 강원도에서 나고 자란 학생에게 좋은 일자리에 대한 꿈을 키워 줘야 한다. 친환경 스마트 농업, 해양 산업, 산림 조성, 영유아 돌봄, 장애인 돌봄, 노인 돌봄 등 좋은 미래 사회를 만들어 갈 수 있는 직업을 찾아 나서게 해야 한다. 또한, 청년들이 스스로 창업할 수 있는 여건을 대폭 확장해야 한다. 그리고 이를 학교 교육과정과 연결해야 한다.

이 과정에서 강원도 학생들은 '인 서울'을 넘어 새로운 꿈을 꾸게 될 것이다. 수도권으로 향하는 한 방향의 흐름만으로는 대한민국 교육도, 강원 지역도 지속가능하지 않다. 진짜 강원교육은 다양한 분야에서 인재를 길러 내고, 그 인재가 다시 지역을 살리는 교육이다. 강원의 학생이 강원에서 배우고, 성장하고, 행복하게 살아가게 돕는 것. 그것이야말로 우리가 만들어 가야 할 미래이다.

진짜 교육, 철학을 바로잡자

나는 확신한다. 아이들은 '서울대 합격자'가 되기 위해 배우는 것이 아니라, '사람답게 살기 위해' 배운다. 서울대 합격은 개인의 영예로운 성취일 수 있으나 교육의 궁극적 목표는 아니다. 진정한 교육의 성과는 한 아이가 자신의 잠재력을 키우고, 타인과 더불어 살아가는 법을 배우며, 스스로 세상과 관계 맺는 힘을 기를 때 비로소 드러난다.

진학진로 교육의 목표는 아이들이 저마다 다양한 꿈과 소질을 키우고, 적성에 맞는 길을 찾는 것이다. 그 노력의 결과로 대학에 진학하게 되었다면 진심으로 축하할 일이며, 고졸 취업에 성공한 학생에게도 똑같은 크기로 축하의 마음을 전달해야 할 것이다.

바람직한 진학진로 교육은 학벌 지상주의라는 낡은 우상을 내려놓는 것에서 시작된다. 이것이 교육이 교육다워지는 첫걸음이다. 모든 아이는 빛나야 한다. 모든 학생의 꿈과 도전은 그 자체로 격려받아야 하며, 최선의 성취로 연결될 수 있도록 교사가 섬세하게 지도하고, 온 사회가 적극 지지해 주어야 한다. 이것이 바로 내가 바라는 '모든 아이가 빛나는 교육', 이른바 '모두를 위한 맞춤형 교육'이다.

05

민주시민, 어떻게 기울 것인가?

학교, 비판적 사고와 공감 능력을 갖춘 시민이 탄생하는 곳

민주시민교육이란 무엇인가?

민주주의는 하루아침에 완성되는 제도가 아니다. 시민의 성숙과 참여를 통해 끊임없이 완성되어 가는 과정이다. 그리고 민주주의 역사는 언제나 위기가 함께했다. 훌륭한 제도를 도입하더라도, 그 제도를 지탱하는 시민의 의식과 태도가 뒷받침되지 않으면 민주주의는 언제든 흔들릴 수 있다. 2024년 겨울, 느닷없는 계엄 선포 이후 맞닥뜨린 정치적 혼란과 사회적 갈등을 민주시민의 힘으로 극복하는 과정에서, 민주시민교육이 얼마나 중요한지 새삼 느끼게 되었다.

이제 학교는 지식의 전달을 넘어, 학생들이 민주주의의 원리를 삶 속에서 체험하고 실천할 수 있도록 돕는 교육의 장이 되어야 한다. 민주시민을 어떻게 길러 낼 것인가 하는 문제는 더 이상 추상적인 질문이 아니라, 오늘의 교육이 직면한 가장 현실적이고 시급한 과제이다.

'시민市民'이라는 개념은 근대 민주주의의 산물이다. 중세 신분 사회에서 인간은 시민이 아니라 '신민臣民'이었다. 즉 왕에게 절대적으로 복종하는 신하와 같은 존재였다. 이와 달리 시민은 주체적인 개념이다. 국민주권國民主權의 원리에 따라 모든 국가의 주인은 시민이며, 시민은 절대적 권력에 복종하는 존재가 아니라 자유와 평등을 누리는 주체적 인간이다.

2024년 12월 3일 우리 사회는 큰 충격에 빠졌다. 역사책 속에 박제되어 불가능할 것 같았던 계엄이 현실이 됐고, 국민이 선출한 대통령이 주권자를 처단하겠다는 포고령을 선포했다. 그때부터 부정선거론 같은 가짜뉴스와 헌법 조항에 대한 자의적 해석이 넘쳐 났다. 이뿐만이 아니다. 헌법을 대놓고 무시한 고위 공직자부터 '국민 계몽'이라는 수 세기 전 낱말을 남발했던 변호사, 법원 폭동을 선동한 종교인 등 민주주의 원칙과 상식의 틀에서 벗어난 엘리트들의 모습을 봤다. 이들은 국민을 분열시키고, 우리를 부끄럽게 했다.

반면, 대한민국의 민주주의가 권력자의 무모함으로 무너지는 것을 막은 것은 계엄 당일 여의도에 모여 국회가 계엄 해제를 의결할 수 있도록 한 보통 사람들과 살을 에는 추위를 은박 담요로 견디며 광장을 지킨 시민들, 바로 민주시민의 힘이었다.

헌법재판소 판결문에서 "국회가 신속하게 비상계엄 해제 요구를 할 수 있었던 것은 시민들의 저항과 군경의 소극적인 임무 수행 덕분"이라고 밝힐 정도였다. 계엄을 막아 내고 무모한 권력자를 파면시킨 것은, 바로 우리 시민의 저력과 민주주의에 대한 열망임을 명확하게 밝힌 것이다.

민주시민을 키워 내는 교육이란 무엇인가? 교육부가 2018년 발표한 「민주시민교육 활성화를 위한 종합계획」에 따르면, "비판적 사고력을 가진 주체적인 시민이 민주주의의 가치를 존중하고 서로 상생할 수 있도록 민주시민으로서의 역량을 향상시키는 교육"이다. 민주시민 역량은 민주주의의 기본 원리와 핵심 가치에 대한 지식과 이해, 타인의 권리와 존엄성을 존중하고 다원성을 인정하는 시민적 관용, 공공 생활에 적극적으로 참여하고 실천하는 시민적 효능감, 사회·정치적 문제를 객관적으로 파악하는 비판적 사고력, 대화와 토론으로 문제를 해결할 수 있는 능력과 기술, 약자를 보호하고 정의와 상생의 원칙에 따른 협력과 연대다.

민주시민교육의 주요 교과인 사회 과목을 '잘 교육받은' 학생은 비판적 사고력, 타인과의 소통과 협력, 공감 능력과 다양성 존중, 공동체 문제 해결을 위해 적극적인 참여와 실천을 잘하는 학생일 것이다. 이러한 능력은 주로 기능이나 가치·태도인

데, 그러다 보니 수행평가로 평가가 이루어진다. 하지만 중고등학교에서 성적은, 지필평가 위주의 중간·기말고사가 영향력이 크고 수행평가의 영향력은 작은 것이 현실이다. 더군다나 객관식 위주의 중간·기말고사는 속성상 지식에 대한 피상적인 이해 정도를 평가하는 데 머무르게 된다.

평가의 내용과 비중은 수업에 큰 영향을 미친다. 민주시민교육의 목표인 비판적 사고력, 타인과의 소통과 협력, 공감 능력과 다양성 존중, 공동체 문제 해결을 위한 적극적인 참여와 실천이 제대로 평가되지 못하다 보니 제대로 가르치지 못한다. 학생들이 민주시민으로서 갖춰야 하는 능력을 제대로 기르지 못하고 있는 이유다.

민주시민교육이 제대로 이루어지려면, 민주시민교육의 중요성과 길러야 할 능력에 대한 사회적 지지가 선행되어야 할 것이다. 이를 바탕으로 교육감의 강력한 정책 추진이 이루어져야 할 것이다.

민주시민교육의 출발은 헌법교육

우리는 지난 내란 사태를 경험하면서 헌법적 가치의 소중함을 알게 되었다. 내란 시도는 헌법을 송두리째 부정하는 범죄행위였다. 헌법재판소는 이를 엄중하게 다루었다. 시민들은 헌법의 소중함을 다시 한번 깨닫게 되었다. 헌법 필사 운동이 열풍처럼 일어나기도 했다.

헌법의 가치 앞에 보수와 진보는 따로 없다. 헌법을 부정하는 세력이야말로 체제 전복 세력이다. 그러하기에 헌법교육은 민주시민교육의 출발이다.

강원도의 민주시민교육도 헌법교육에서 출발할 것이다. 모든 학생에게 헌법 소책자를 배부하고, 교사들에게는 헌법교육 교재를 제공할 것이다. 사회 교과에서는 헌법을 직접 배우고, 국어 교과에서는 헌법 정신에 대해 토론하게 할 것이다. 창의적 체험 활동도 헌법교육과 연계해서 활동하게 할 것이다. 학생들 사이에 자연스럽게 헌법 필사 운동이 이루어질 것이다. 헌법교육은 부수적으로 학생들의 어휘력, 사고력, 토론 능력도 기르게 될 것이다.

헌법은 우리 사회의 민주주의를 지키는 최후의 보루이다. 헌법교육은 더 나은 사회를 열어 가는 열쇠가 될 것이다. 나아가 헌법교육은 모든 사람이 인간으로서의 기본권을 지키도록 하는 방파제가 될 것이다.

학교 교육과정을 통한 민주시민교육

민주시민교육은 학교의 정규 교육과정을 통해 이루어져야 한다. 또한, 사회나 도덕 같은 특정 교과에서만 이루어지는 것이 아니라 모든 교과에서 이루어져야 한다. 다시 말해 모든 교육을 민주시민교육의 정신에 따라 재구조화해야 한다.

따라서 민주시민교육은 범교과적으로 다루어야 한다. 이미 국가 교육과정에서는 범교과 학습주제로 '안전·건강교육, 인성교육, 진로교육, 민주시민교육, 인권교육, 다문화교육, 통일교육, 독도교육, 경제·금융교육, 환경·지속가능발전교육'을 제시하고 있다. 예를 들어, 생태, 인권, 평화, 통일, 다문화, 장애 등을 주제로 모든 교과가 연계를 이루어야 하고, 강원교육에 그러한 경험이 없지도 않다.

'생태'라는 주제를 범교과적으로 다룬다고 가정해 보자. 과학 시간에는 생태계 파괴의 원인을 배운다. 도덕 시간에는 생태 윤리를 학습한다. 사회 시간에는 탄소를 줄이기 위한 국제 사회의 노력을 탐구한다. 수학 시간에는 탄소 배출량 증감에 대한 통계를 산출한다. 국어 시간에는 환경보호를 실천하기 위한 논술을 쓴다. 미술 시간에는 환경보호 포스터를 만든다. 이렇게 모든 교과가 연계해 생태 문제에 대한 지식, 기능, 태도를 기르게 한다.

이를 '주제 중심 통합 교육과정'이라고 한다. 학교에서 교사들이 함께 학년별 교육목표를 세우고, 각 교과가 이를 어떻게 반영할 것인지 논의한다. 수업 시간에는 학생들의 탐구 활동을 진행한다. 학생들은 학교에서 탐구한 내용을 자신의 삶 속에서 실천해 본다. 이러한 과정을 통해 자연스럽게 우리가 바라는 민주시민 의식을 기를 수 있다.

이러한 교육과정이 더욱 진화한 모습은, 앞서 설명했던 IB에서 관찰할 수 있다. IB 초등학교의 시간표는 흔히 아는 국·영·수·사·과 교과 대신, 6가지 초학문 주제로 구성된다. (△우리는 누구인가 △우리가 속한 공간과 시간 △세계가 돌아가는 방식 △자신을 표현하는 방법 △우리 자신을 조직하는 방식 △우리 모두의 지구) 우리가 배우는 교과 지식이, 결국 시민의 소양을 키우는 주제 속에서 새롭게 구성되는 것이다. 그러다 보니 IB 학교에서 가르치는 선생님은 초학문 주제 속에서 교육과정 재구성을 계속 고민하게 되고, 학생들은 왜 교과 지식을 배우는지 맥락을 이해하면서 자연스럽게 시민의 소양을 가꿀 수 있다.

이러한 주제 중심 통합 교육과정을 학교마다 효과적으로 운영하는 것은 쉽지 않다. 그래서 강원도교육청 차원에서 교육과정 프레임워크를 만들어 학교에서 실천하도록 보급하는 것이 필요하다. 이른바 'GB-강원 바칼로레아'다. 이러한 공통의 교육과정 틀을 제공하면, 학교마다 토론을 통해 창의적으로 운영할 수 있을 것이다. 강원도 학생이라면 학교를 졸업하기 전까지 민주시민교육의 중요한 주제와 요소를 깊이 탐구하는 기회를 누리게 될 것이다.

실천적 학습을 통한 민주시민교육

학교에서 실질적으로 민주주의를 체험하고 경험할 기회가 많지 않다는 것이 문제다. 사회과 수업에서도 지식·이해를 중시하다 보니 체험과 참여를 바탕으로 한 실천적 학습은 늘 부족하다.

학교 현장에서 시행하는 모의 선거, 학생자치 활동 그리고 체인지 메이커 활동은 실천적 학습의 좋은 예가 될 수 있다. 실천적인 학습에서 중요한 영역을 차지하는 것은 학생자치 활동이다. 학칙과 학생생활규정 제·개정 그리고 학교의 주요한 의사 결정에 학생이 참여하고 학급자치 활동을 하는 것은 민주시민교육의 직접적인 장이 된다.

학생들은 자신과 밀접하게 관련된 문제를 논의하고 결정하는 과정에서 민주주의의 원리를 체험하고 이해하게 될 것이다. 아울러, 논의하고 결정하는 과정에서 대화와 타협, 경청과 공감, 다른 사람의 의견을 수용할 수 있는 유연성, 자기 생각을 수정할 수 있는 개방적인 태도를 익히게 될 것이다.

학생들은 권한이 주어진 만큼 민주적으로 성장한다. 학생자치회가 주관하는 행사는 학생회가 최대한 자율적으로 행사를 기획하고 운영할 수 있도록 해야 한다. 학생들이 직접 계획한 것들이 반영되고 실행되는 경험을 한다면 민주주의에 대한 효능감을 가질 것이다. 학생들이 결정한 사항이 학교 운영에 반영되는 경험은 민주시민성을 기를 수 있는 토대가 될 것이다.

토의·토론 수업을 통한 민주시민교육

토의·토론 수업은 민주시민 의식을 기르는 데 매우 중요하다. 왜냐하면 토의·토론은 다른 사람의 의견을 경청하고 존중하는 태도, 자신의 주장과 견해를 비판적이고 논리적으로 표현하는 능력, 갈등 상황을 조정하고 문제를 해결하는 태도를 바탕으로 합리적으로 의사를 결정하는 과정이기 때문이다.

최근 유행하는 문제 해결 학습, 액션러닝, 프로젝트 학습, 소집단 협력학습 같은 학생 참여형 수업은 보통 소집단으로 토의·토론하는 활동을 한다. 실제적이면서 관심 있는 문제를 동료들과 함께 토의하고 논의하면서 탐구하고 해결해 나간다. 이러한 과정에서 다양성을 존중하고 대화와 타협을 통해 갈등을 조정하고 문제를 해결하는 능력을 기른다.

교사가 토의·토론 수업을 할 때 부딪히는 어려움 중 하나는 교사의 '정치적 중립성' 의무다. 정치는 본질적으로 찬반 의사를 가진 자들이 논쟁할 수밖에 없기 때문에 이에서 자유롭지 못하다. 기후위기, 노동권, 복지 확대 같은 사회문제를 토론할 때, 근현대사의 역사적 쟁점을 토론할 때 흔히 진보적인 주장과 보수적인 주장이 충돌한다. 그 와중에 논의가 특정 정당 지지 여부나 정치적 색깔 논쟁으로 흘러가는 경우가 많다. 이처럼 교사들이 정치적 중립성 의무 문제에 휘말려들 수 있기 때문에 토의·토론에 소극적으로 임하게 된다.

서독과 동독 사이 이념 갈등이 팽배했던 통일 전 독일에서도 다르지 않았다. 이에 정치교육에서의 갈등을 해결하기 위해 다양한 분야의 정치교육 관련자들이 '정치교육에서의 합의 문제'와 관련해 토론회를 열었고, 세 가지 기본 원칙을 제시하였다. 첫째, 강압과 교화의 금지 원칙-교사가 학생에게 자신의 정치적 신념이나 가치를 강요해서는 안 된다. 둘째, 논쟁성 보장-정치·사회적으로 논쟁적인 주제는 수업에서도 논쟁적으로 다루어야 하며 교사는 다양한 관점을 제시하고 한쪽을 진리로 가르쳐서는 안 된다. 셋째, 정치적 판단과 행동 능력 강화-정치교육을 통해 학습자들은 스스로 정치 문제를 판단하고 자율적으로 자신의 결론을 끌어낼 수 있는 능력을 배양할 수 있어야 한다.

이것이 이른바 '보이텔스바흐 합의'다. 이 기본 원칙은 통일 후에 독일의 학교에서 이념 대립을 극복하고 민주시민교육을 활성화할 수 있도록 했다. 우리의 학교 현장과 교실 수업에서도 한국형 보이텔스바흐 같은 합의가 필요하다고 생각한다.

일상을 통한 민주시민교육

민주시민교육은 수업 시간에만 이루어지는 것이 아니라 일상에서 이루어져야 한다. 교육학에 '잠재적 교육과정'이라는 용어가 있다. 의도하지 않았으나 저절로 배우게 되는 내용이다. 일상적으로 경험하는 것들이 학생에게 스며들어 학습된다는 것이다.

내가 특수학교에 근무할 때, 다른 사람을 함부로 만지는 습관이 있는 학생이 있었다. 그때 내가 이렇게 얘기했다. "다른 사람의 손을 만질 때나 몸을 만질 때는 반드시 물어봐야 해. 선생님 손잡아도 돼요? 이렇게 물어보고 선생님이 '응' 하면 잡아도 돼." 물론 반대로 어른이 아이의 손을 잡고 싶을 때도 반드시 아이에게 물어봐야 한다. '쟤는 내가 손을 잡으면 좋아할 거야'라고 생각하지만 상대방은 그것이 싫을 수도 있다. 상대방의 감정을 미리 예단해 버리면 안 된다.

이처럼 개인의 몸, 공간, 마음의 경계선을 인식하고 서로 존중하는 태도를 배우는 교육을 '바운더리 교육(경계 존중 교육)'이라고 한다. 이미 학교폭력 예방과 갈등 전환에 많이 적용하고 있는데, 바람직한 방향이고 학교에서도 적극 수용할 필요가 있다.

계획한 교육도 중요하지만, 학교 일상에서의 민주주의도 중요하다. 학교가 민주주의의 정원이 되어야 하는 이유가 그것이다. 학교를 권위적이고 폐쇄적으로 운영하면서 학생들이 민주적이고 소통과 협력을 중시하는 민주시민이 되도록 바라는 것은 어불성설이다. 학교에서 민주적으로 의사를 결정하고 소통하고 협력하는 민주적인 문화를 경험해 보지 못하면 민주시민으로 성장하는 데 더딜 수밖에 없다. 비민주적으로 운영되는 학교에서 민주시민교육이 제대로 이루어질 수 없다.

학교 민주주의가 중요한 이유 중 하나가 바로 민주시민교육과 연결되기 때문이다. 우선, 민주적인 학교 운영 체제를 만들어야 한다. 학생, 학부모, 교직원이 소통과 협력에 기반하여 참여하는 민주적인 의사 결정 구조를 만들어야 한다. 또한 소통하는 민주적 리더십이 필요하다. 토론이 있는 교직원 회의, 관리자와 교사의 민주적인 리더십이 그 전제임은 두말할 나위가 없다.

미디어 리터러시 교육을 통한 민주시민교육

오늘날 민주사회에서 시민은 단순히 투표하는 존재가 아니라, 정보를 비판적으로 분석하고 의견을 표현하며, 공공의 의사 결정 과정에 참여할 수 있는 능동적 주체이다. 이러한 역량은 민주시민교육을 잘 받은 학생이 갖추어야 할 핵심 능력이며, 이를 위해 날로 중요성이 강조되는 분야가 바로 '미디어 리터러시' 교육이다. 디지털 환경이 일상화된 사회에서 미디어는 개인의 인식과 여론 형성에 큰 영향을 미치므로, 올바른 시민성을 기르기 위해서는 미디어를 비판적으로 이해하고 활용하는 능력이 필수이다.

미디어 리터러시 교육은 왜 필요한가?

먼저, 허위 정보나 가짜뉴스 확산에 대응하기 위해서다. 사실과 의견, 정보와 선전을 구분하지 못할 경우 시민은 여론 조작의 대상이 되기 쉽다. 안타깝게도, 최근 국제학업성취도평가[PISA] 결과, 한국 학생들은 '사실과 의견을 구분하는 능력'이 OECD 국가 중 하위권을 기록했다. 한국 학생들이 유독 사실과 의견을 식별하는 능력, 특히 디지털 정보의 신뢰성을 평가하는 능력에서 취약성을 보인다는 의미다.

둘째, 민주적 의사소통 능력을 기르기 위해서다. 온라인 공간은 사회적 토론의 장이지만, 동시에 혐오와 왜곡이 난무하는 공간이기도 하다. 비판적 사고와 공감적 소통을 바탕으로 미디어를 이용하는 태도는 민주적인 공론장의 질을 높인다.

셋째, 시민 참여 역량 강화의 측면에서 필요하다. 디지털 미디어를 통해 의견을 제시하고 사회문제 해결에 참여하는 것은 현대 시민의 중요한 실천 방식이므로, 이를 효과적으로 수행할 능력을 길러야 한다.

강원이 특별히 잘할 수 있는 교육-생태와 평화

민주시민교육의 영역은 참으로 다양하다. 그중에서도 진짜 강원교육은 특히 생태교육, 평화교육을 강조하고 싶다. 이는 지속가능한 미래 사회를 위해 꼭 필요한 교육이다.

2025년 여름, 강원도 강릉은 최악의 가뭄을 경험했고 가을에는 한 달 가까이 이어지는 때아닌 장마를 경험했다. 지구 한쪽에서는 가뭄이, 다른 한쪽에서는 폭우가 이어지는 기상이변을 강원도 강릉은 동시에 경험했다.

지구가 아프다. 지구가 아프면 인간도 아프다. 온 생명체가 함께 신음하고 있다. 우리가 아직 태어나지 않은 미래 세대와 지구 생태계에 공감과 책임 의식을 갖지 못한다면, 고통은 점점 더 커질 것이다. 특히 강원 지역은, 천혜의 자연환경을 바탕으로 이러한 고민을 교육 현장에 녹여 내야 하고, 자연의 권리까지 헤아려야 한다.

텃밭 가꾸기와 재생에너지, 쓰레기 분리배출 등 땀 흘려 일하고 그 결실을 소중하게 여기면서, 자신의 삶에 지속가능성을 자연스레 연결할 수 있는 교육을 어릴 때부터 충분히 익혀야 한다. 또한 DMZ, 동해 바다, 산과 들은 소중한 우리의 배움터다. 이 중 DMZ는 생태교육의 장이자 평화교육의 보물창고다. 진짜 강원교육은 이 분야에 대한 투자를 크게 강화할 것이다.

더불어 강원도는 우리나라 유일의 분단 지역이다. 이곳에서 평화통일교육을 꽃피워야 한다. 지금은 남북 사이에 여전히 긴장이 있지만, 갈등은 영원할 수 없는 법. 머지않아 남과 북 사이에 평화의 기운이 불어올 것이라고 믿는다. 강원도는 남북 교류, 평화통일교육의 선도 지역이 될 것이다.

생태교육, 평화교육을 중심으로 강원교육은 민주시민교육에 앞장설 것이다. 교육과정부터 수업, 학교 문화와 지역사회에 이르기까지 강원교육은 민주주의의 정원이 될 것이다. 민주시민은 저절로 만들어지지 않는다. 그들은 민주적으로 운영되는 학교에서, 스스로의 문제와 지역사회의 문제를 직접 해결하는 경험을 하고, 민주시민의 소양을 키우는 교육과정을 배우며, 민주시민으로 성장할 것이다. 그것이 바로, 우리가 민주공화국 대한민국의 다음 세대에게 물려주어야 할 가장 값진 교육의 유산이다.

06

모두가 행복한 교육, 정말 가능할까?

행복은 가장 힘든 순간, 빛나는 모습으로 찾아온다

행복이 교육목표가 될 수 있을까?

교육청 대변인으로 재직하던 시절, 강원도교육청이 '강원도행복청'이라는 슬로건을 발표했을 때 일각에서 비판이 나왔다. '행복은 교육의 목표가 될 수 없다'라는 것이다. 정말 그런가?

아이들이 행복하다는 것은 무엇일까? 단순히 웃고 떠드는 모습만으로 행복을 말할 수 있을까? 학교에 가지 않고 집에서 놀기만 하면 행복할까? 아니다. 행복은 단순히 '재미'나 '즐거움'과는 엄연히 다르다. 모든 과목에서 1등급을 받는다고 해서 진정한 행복이 보장될까? 그렇지 않다. 행복은 성취나 결과에 달려 있는 것이 아니라 삶의 의미를 자각하는 과정에서 피어난다.

긍정심리학에서는 행복을 이렇게 설명한다. '지금 여기에서 충만함을 느낄 때' 행복이 찾아온다고 한다. '자신이 소중한 존재로 인정받을 때' 그리고 '내가 타인의 행복에 기여하고 있다고 느낄 때', 그래서 '삶의 의미와 가치를 깨달을 때' 비로소 행복을 경험하게 된다.

학교에서도 마찬가지이다. 학교에서 아이들의 행복은 자기가 빛나는 순간, 성취감을 느끼는 순간, 다른 사람과 좋은 관계를 유지하는 순간에 피어난다. 그렇기에 학교는 아이들이 다양한 분야에서 각각 자기가 빛나는 순간을 만들어 주어야 한다. 단순히 시험 성적이나 외적 평가가 아니라, 아이 스스로 삶의 의미를 발견하고, 자신과 타인을 존중하며 성장할 수 있는 경험을 하는 것이 진정한 행복의 출발점이다.

행복은 자기효능감과 학습 동기를 강화하는 측면도 있다. "내가 해낼 수 있다"라는 자신감을 가질 때, 배움은 즐거움이 되고, 새로운 과제에 도전할 용기가 생긴다. 또한 행복은 사회·정서적 역량과 밀접하게 연관되어 있다. 타인과 협력하고 배려하는 경험 속에서 학생은 삶의 역량을 자연스럽게 키우게 된다. 학생이 학교에서 행복을 경험해야 배움의 즐거움에 몰입할 수 있고, 건강한 민주시민으로 성장할 수 있다.

아이들을 저마다 빛나게 하는 방법
-만개(滿開: 활짝 핌)의 동아리

아이들은 모두 저마다의 빛을 품고 태어난다. 같은 배에서 태어난 일란성쌍둥이조차 서로 다른 빛을 발한다. 과거에는 수십 명의 아이를 한 교실에 몰아넣고, 똑같은 지식을 주입하며 1등과 꼴찌를 가려냈다. 하지만 지금, 우리는 집단의 성취보다 개개인의 성장을 바라봐야 한다. 올림픽 금메달의 순간만 환호하는 대신, 모든 선수 한 명 한 명의 꿈과 노력에 주목하는 문화가 커져 가는 것처럼 말이다. 아이들의 고유성을 존중하며, 동시에 모두가 어우러지는 공동체성을 함께 키우는 일. 그것이 오늘날 우리 교육이 지향해야 할 모습이다.

그래서 '강원 학생 만개의 학습동아리'를 만들고자 한다. 강원도 초중고 13만 명의 학생들이 저마다의 꿈과 적성을 마음껏 펼칠 수 있도록, 다양한 동아리의 날개를 활짝 펼쳐 주는 일이다. 학습동아리는 교과와 비교과를 가리지 않는다. 독서 동아리, 국제교류 동아리, 과학탐구 동아리, 역사탐방 동아리, 문화예술 동아리, 스포츠 동아리, 여행 동아리 등 그 색과 빛은 무궁무진하다.

만개의 학습동아리는 학교 교육과정에서 놓치기 쉬운 '영 교육과정'을 보완하는 데에도 도움이 된다. 예를 들어, 실용음악과로 진학하고 싶은 학생이 있다고 하면, 학교 교육과정만으로는 충분히 역량을 쌓기 어렵기에 결국 비싼 사교육에 의존하게 된다. 하지만 학교나 지역사회 청소년 수련관에, 지자체가 운영하는 청소년 배움터에 실용음악 동아리가 있다면, 학생들은 방과후에 자유롭게 자기 음악 세계를 탐색할 수 있다.

가장 기본이 되는 학습동아리는 독서 동아리일 것이다. 학교 도서관을 중심으로 10명 내외의 아이들이 모여 책을 읽고, 생각을 나누며, 서로의 마음에 작은 별을 하나씩 더한다. 좋은 삶을 꿈꾸는 작은 모임이 학교 곳곳에서 살아 숨 쉰다. 강원도에서는 이미 여러 학교에서 이런 가능성을 확인한 바 있다.

일정한 학생 수가 모여 신청하면 전문가를 초빙해 아이들의 재능을 키워 줄 것이다. 온라인 플랫폼에는 강원의 다양한 전문가들과 진로 시민강사들이 자신의 전문 분야와 프로그램을 등록하고 학생들을 도와줄 것이다. 이런 동아리가 강원도에 1만 개가 존재한다고 상상해 보면, 지금과는 완전히 다른 분위기가 되지 않을까? 학습동아리를 통해 쌓은 역량이 진로와 대입에 자연스럽게 연결되지 않을까? 졸업 이후에도 평생학습자로 살아갈 역량을 키울 수 있지 않을까?

만개의 학습동아리를 토대로 지역 단위 '방학 캠프'와 같은 프로그램을 운영할 수도 있다. 개별 학교 동아리 차원에서는 부족한 프로그램을 지역사회 전문가와 연계한 방학 캠프를 통해 훨씬 다채롭게 운영할 수 있다. 이곳에서는 자기 주도적 학습법을 배우고, 디지털 디톡스로 마음을 정리하며, 마음챙김 명상과 신나는 공동체 놀이를 즐긴다. 학교 간 연합 활동도 펼친다. 방학 동안 스마트폰에 묶이지 않고, 몸과 마음을 건강하게 가꾸며, 기본 생활 습관과 학습법, 특기·적성 계발, 공동체 의식까지 배우는 소중한 시간을 만들어 간다. 교육지원청과 지방자치단체, 마을교육공동체가 함께 손을 잡고 이 시간을 빚어 낸다.

학습동아리 경험은 대입과 취업에서도 빛을 발할 수 있다. 이제 대학은 단순히 성적만을 보지 않는다. 학생 각자가 쌓아 온 학습 과정, 자신의 관심과 적성에 맞춘 경험을 주목한다. 역사 교사를 꿈꾸는 학생이라면, 역사탐방 동아리나 교육학 동아리에서 쌓은 작은 발걸음 하나하나가 소중한 밑거름이 된다.

기업도 마찬가지이다. 교육시민단체 '교육의봄' 자료에 따르면, 선호도가 높은 공기업, 대기업, 첨단산업 기업일수록 성적보다는 역량을, 스펙보다는 스토리를 중시한다. 이는 수능 성적과는 별 상관관계가 없다. 오히려 학창 시절부터 교육 경험을 통해 쌓은 역량이 중요하다.

강원의 학생들이 교과 공부와 함께 학습동아리에서 자신만의 꿈과 재능을 마음껏 펼치며 스스로 성장의 날개를 다듬을 수 있다면, 그렇게 쌓은 경험은 미래를 향한 힘찬 날갯짓이 될 것이다.

힘든 아이에게는 더 특별한 관심을

모든 아이는 특별하다. 그 누구도 똑같지 않으며, 각자 고유한 가능성과 잠재력을 지니고 있다. 아이들은 저마다의 속도로, 저마다의 빛을 품고 세상에 나아간다. 교육은 바로 이 모든 아이를 위해 존재해야 한다. 강원도교육청은 진보 교육감 시절 '모두를 위한 교육'을 내세웠다. 국제사회에서도 유네스코 UNESCO는 'Education For All'을 강조하며, 모든 아이에게 배움의 권리를 균등하게 주어야 함을 당부한다.

모두를 위한 교육에는 두 가지 의미가 담겨 있다. 첫째, 모든 아이에게 높은 수준의 교육을 동등하게 제공해야 한다는 것이다. 즉, "태어난 곳은 달라도 받는 교육은 같아야 한다"라는 교육의 기회균등을 의미한다. 둘째, 모든 아이에게 자신의 고유성을 마음껏 발휘할 기회를 제공해야 한다는 것이다. 모든 아이는 별처럼 빛나야 하며, 교육은 그 빛을 이끌어 내는 과정이어야 한다. 이처럼 교육의 균등성과 고유성이 조화를 이룰 때, '모든 아이가 행복한 교육'을 실현할 수 있다.

과거의 교육은 '소수를 위한 교육'이었다. 성적 상위권 학생에게 관심과 혜택이 집중되었다. 그 시절이 그나마 다행인 건 빈부 격차가 심하지 않았다는 것이다. 하지만 지금은 다르다. 어느새 교육이 부모의 경제적 배경에 의해 결정되는, 사회적 불평등을 재생산하는 도구가 되고 있다.

진짜 강원교육은 민주진보교육 1세대의 교육 민주화, 2세대의 교육 평준화를 넘어 한 걸음 더 나아가고자 한다. 이른바 맞춤형 개별화 교육이고 진정한 교육 평등의 실현이다. 이를 실현하려면 '취약한 학생을 위한 지원'을 강화해야 한다. 아이들은 각기 다른 환경에서 자란다. 선천적 재능, 경제적 지위, 지역적 특성, 장애의 유무, 학습 방법 등에서 차이가 난다. 가장 어려운 학생을 지원하는 일이야말로, 궁극적으로 모든 학생을 위한 지원으로 이어진다.

교실에는 각자의 사연을 지닌 아이들이 모여 있다. 학업에 어려움을 겪는 아이, 가정의 돌봄을 충분히 받지 못하는 아이, 장애가 있는 아이, 친구 관계에서 상처를 경험한 아이, 마음이 아픈 아이까지 그 사연과 고민은 모두 다르다. 게다가 아이마다 꿈과 적성이 다르다. 우리는 이 한 명 한 명을 살펴야 한다. 그들의 이야기를 듣고, 필요한 것을 파악하며, 지원 방안을 찾아야 한다. 그렇게 할 때, 아이들은 자기만의 가능성과 잠재력을 마음껏 펼칠 수 있다. 바로 이것이 맞춤형 개별화 교육의 의미다.

특수교육 현장은 이미 이러한 원리를 실천하고 있다. 특수학급에는 여섯 명 이하의 학생이 있다. 장애의 유형과 정도가 다르고, 배우는 속도나 방법도 제각각이다. 그래서 학년 초마다 학부모와 교사들이 함께 '개별화 교육계획'을 만든다. 한 명 한 명의 특성을 진단하고 그에 맞는 교육목표와 방법, 지원 방안을 계획하는 것이다.

수업하는 방법도 달라야 한다. 특수교육에서는 이를 '보편적 학습설계'라고 한다. 이는 건축공학의 '보편적 설계'를 확장한 개념이다. 지체장애인을 위해 설치했던 엘리베이터가 결국 모두에게 도움이 되는 것처럼, 수업에서 가장 어려움을 겪는 학생을 위한 배려가 모든 학생에게 도움이 된다.

이러한 지원 체계는 이제 특수교육뿐만 아니라 일반교육에도 확대되어야 한다. 학생 수는 줄고 있지만, 특별한 도움이 필요한 아이들은 오히려 늘고 있다. 특수교육과 일반교육 사이에 놓인 경계선 지능 학생, 정서행동 위기학생 등이 있다. 이뿐만 아니라 기초학력 미달 학생, 다문화 학생, 무기력한 학생도 허다하다. 저출생 시대의 미래 교육은 이들 한 명 한 명에 대한 지원 체계를 갖춘 교육이다. 그렇기에 특수교육은 '먼저 온 미래교육'이라 할 수 있다.

이런 취지로 「학생맞춤형통합지원법」이 제정되어 2026년부터 모든 학교에 적용된다. 지금까지 여러 분야로 나누어 진행하던 학생 지원을 통합적으로 제공하여, '단 한 명의 아이도 포기하지 않는 책임교육'을 실현하는 것이 목표다. 이 목표가 학교 현장에서 살아 숨 쉬려면, 교육청과 학교 단위마다 구체적이고 체계적인 시스템이 반드시 필요하다.

이를 위해 '모든 학생을 위한 중층적 지원 시스템'을 구축해야 한다. 핀란드와 같은 교육선진국은 이미 〈일반지원-집중지원-특별지원〉이라는 3단계 지원 체계를 마련했다. 우리 교육도 이 원리를 적용하여, 모든 아이가 교실에서 자신만의 빛을 찾고 성장할 수 있는 환경을 만들어야 한다.

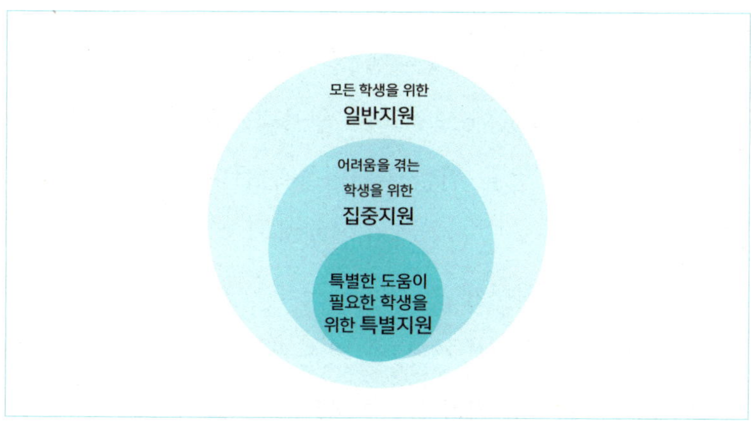

모든 학생을 위한 중층적 지원 시스템

첫 번째 단계, 〈일반지원〉은 모든 학생을 위한 배움과 돌봄의 장을 마련하는 것을 의미한다. 학교는 단순한 학습 공간이 아니라, 아이들이 성장하며 정서적 안정을 느낄 수 있는 공간이어야 한다. 배움은 단지 지식의 전달이 아니라, 학생의 전인적 성장을 돕는 기회가 되어야 한다. 수업은 소외되는 학생 없이 모두가 참여할 수 있는 협력과 참여의 장이어야 하며, 평가는 줄 세우기 위한 서열화가 아니라 학생이 스스로 성장했음을 느낄 수 있는 따스한 거울이 되어야 한다.

이러한 지원을 제공하더라도 여전히 어려움을 겪는 아이들은 있을 수 있다. 그때는 두 번째 단계, 〈집중지원〉이 필요하다. 수업 내용을 따라가기 어려운 아이, 친구 관계에서 외로움을 느끼는 아이, 마음의 상처를 안고 살아가는 아이들이 바로 그들이다. 학교마다 있는 기초학력·정서행동 전문교사를 중심으로, 담임교사, 상담교사, 보건교사, 교육복지사 등 교내 전문가들이 모여 이 아이들을 위한 지원팀을 만든다. 때로는 정신 건강 전문가와 같은 외부 손길까지 연계하여, 아이 한 명 한 명의 필요와 마음을 세심하게 보살핀다.

세 번째 단계인 〈특별지원〉은 기존 특수교육과 비슷하지만 그 범위가 더 넓다. 장애가 있는 학생뿐 아니라, 경계선 지능 학생, 정서행동 위기학생까지 포함한다. 특별지원은 아이들을 격리해 관리하는 것이 아니라, 다른 학생과 함께 어우러지며 성장할 수 있도록 돕는 방향이어야 한다. 이를 위해 특수교사를 증원하고, 일반 교사의 특수교육 전문성도 높여야 한다. 일반 교사와 특수교사가 협력하고, 학교 안팎의 지원 시스템과 연계하여 아이들을 다층적으로 돌보는 것이다.

이러한 중층적 지원 시스템이 자리 잡기 위해서는 충분한 인력이 필요하다. 정부는 「학생맞춤형통합지원법」 시행에 맞추어 예산을 확대하고, 교원 정원 결정권을 시도교육감에게 위임해야 한다. 교육청은 기초학력·정서행동 담당 교사를 학교마다 설치한 '학생맞춤형통합지원팀'에 배치할 것이다.

이러한 시스템을 바탕으로 학교는 맞춤형 개별화 교육을 확대한다. 우선 아이들이 어떤 어려움을 겪고 있는지, 그 원인은 무엇인지 먼저 살펴야 한다. 기존의 진단평가만으로는 충분하지 않다. 단순히 성취도만 알려 줄 뿐, 아이가 왜 어려움을 겪는지, 어떤 마음을 지니고 있는지는 알 수 없다. 인지적 영역은 일부 측정할 수 있지만, 학습에 대한 흥미와 자신감, 태도와 같은 정의적 영역은 진단하지 못한다. 그래서 새로운 진단평가 시스템이 필요하다. 아이들이 무엇을 잘하고 무엇이 부족한지, 그 배경과 이유까지 살펴야 한다. 필요하다면 AI를 활용해 개인 특성에 맞는 지원 방안을 찾아야 한다. 이를 바탕으로 한 개별화 교육계획이 마련될 때, 비로소 학교는 모든 아이에게 맞춤형 배움을 선물할 수 있다.

지금의 학교 현실에서 이러한 시스템을 마련할 수 있을까? 이는 학생 수 급감 시대의 필수적인 과제이다. 학생 수가 줄어든다는 것은 공교육의 위기이자 기회이기도 하다. 한 명 한 명의 아이에게 더 많은 관심과 시간을 쏟을 수 있다는 뜻이기 때문이다. 강원도에서 이를 선도적으로 실천하고자 한다. 강원도에는 소규모 학교가 많다. 소규모 학교가 지니는 장점을 최대한

활용하여, 맞춤형 개별화 교육을 본격적으로 실현할 수 있도록
아낌없이 지원할 것이다.

　물론 여전히 학급당 학생 수가 많은 학교도 있다. 앞으로 학
급당 학생 수를 특수학급은 5명 이하, 유치원과 초등학교는 15
명 이하, 중학교와 고등학교는 20명 이하로 감축할 것이다. 현
재의 학생 수 감소 추이를 보면 충분히 가능하다. 그래서 맞춤
형 개별화 교육이 모든 학교에 보편화되도록 지원할 것이다. 학
생 수가 줄어들면 한 명 한 명에게 더 많은 사랑을 쏟을 수 있
다. 학교에서 감당하기 어려운 경우가 생기면 지역사회가 이 아
이들을 함께 품을 수 있는 시스템을 구축할 것이다.

　학생 수 급감은 아이들의 가치를 더 빛나게 한다. 경쟁교육
의 시대는 막을 내리고, '단 한 명도 포기하지 않는 책임교육'이
그 자리를 채운다. '모든 아이가 행복한 교육'은 가능하다. 진짜
강원교육이 맞춤형 개별화 교육을 선도하며 그 길을 밝히고자
한다.

위기학생에 대한 긴급 지원 시스템

여러 노력에도 불구하고, 불행히도 '위기학생'들이 증가하고 있
다. 학교만의 문제도 아니다. OECD 회원국 중 자살률이 제일
높은 곳이 우리나라다. 2012년 이후 15년간 청소년 사망 원인

1위는 놀랍게도 자살이다. 2023년 자살 사망률(인구 10만 명당)은 27.3명으로, 전년 대비 8.5% 증가했다. 고립·은둔 청년도 증가 추세다. 2024년 첫 정부 실태 조사 결과, 고립·은둔 청년을 54만 명으로 추산했으며, 이들 중 상당수는 10대부터 은둔 생활을 시작했다.

학교 현장에서 우려의 목소리가 나온다. 사안의 특수성 때문에 쉽사리 공론화하지는 못하지만 ADHD, 우울, 불안, 분노(감정) 조절 어려움 등으로 고통받는 학생들은 증가하고 있다. 마치 시한폭탄처럼 교사도, 학생도, 학부모도 조마조마하게 학교생활을 하는 경우가 많다. 학업 중단, 학교 부적응 문제는 이제 개인이나 학교만의 문제가 아니라 국가적인 문제가 되어 가고 있다.

그렇다면 강원도에서는 어떻게 이러한 문제를 해결할 수 있을까? 우선 위기 상황을 회피하지 않아야 한다. 빠르고 정확히 우리의 문제를 파악하고 학생들이 희생되지 않게 우리가 적극적으로 나서야 한다. 앞서 언급했던 〈중층적 지원 시스템〉에 더해, 위기학생을 구조하는 긴급 지원 체계가 필요하다.

현재의 강원교육에는 안타깝게도 위기학생을 실질적으로 지원하는 통합적인 기구가 없다. 각각 분절된 부서와 역할만 있을 뿐이다. 앞으로 강원교육에는 단 한 명의 학생까지 지켜낸다는 마음으로, 위기학생을 통합적으로 지원하고 치유할 수 있는 컨트롤 타워를 구성할 것이다. 위기학생의 정서-인지-학습-진로를 아우르고 도와주는 〈통합적 위기학생지원단〉이 필요하다.

학교가 안전한 공간이 될 수 있을까?

'안전'이라는 단어를 들으면 흔히 우리는 넘어지거나 다치지 않는 물리적 환경만 떠올린다. 하지만 진정한 안전은 그보다 훨씬 깊은 곳에 있다. 마음 한구석에서 느끼는 평온, 내가 존중받고 있다는 느낌, 내가 내 생각을 말해도 비난받지 않는다는 확신, 그것이 바로 안전이다. 인간에게 첫 번째로 찾아오는 안전한 공간은 가정이다. 조건 없는 사랑, 따뜻한 배려와 세심한 돌봄이 있는 공간. 그 안에서 우리는 처음으로 세상을 믿고, 사람을 믿는 법을 배운다.

교육학자 나딩스는 학교도 가정 같은 곳이어야 한다고 강조했다. 학교도 가정과 같이 안전한 공간이 되어, '배움과 보살핌의 책임교육 공동체'가 되어야 한다는 것이다. 아이들이 학교에서 "나는 안전하다", "누군가에게 기대어도 된다", "내가 소중히 여겨진다"는 느낌을 받을 때, 비로소 진정한 보살핌이 시작된다.

전통적으로 보살핌은 가정 안에서 이루어졌다. 하지만 교육 또한 보살핌과 쉽게 구분할 수 없다. 따뜻한 보살핌을 받은 아이는 마음의 평온 속에서 배움에 집중하고, 자신의 가능성을 마음껏 펼칠 수 있다. 하지만 '돌봄교실'을 둘러싼 논란 때문에, 이러한 보살핌을 교육과 별개의 문제로 보는 시선도 존재한다. 우리는 이제 그 왜곡된 논란을 넘어, 돌봄의 윤리에 뿌리를 둔 학교 문화를 만들어야 한다.

학교가 학생에게 따뜻한 공간이 되려면, 교사와 학생 사이의 관계, 학생과 학생 사이의 관계가 그 무엇보다 중요하다. 교사와 학생 사이에는 사랑이, 학생과 학생 사이에는 우정이 있어야 한다. 특히 장애 학생, 느린 학습자, 정서행동 위기학생 등 존재 자체로 취약한 아이들을 있는 그대로 인정하고 보살펴야 한다. 예컨대 기초학력을 성취하지 못한 학생은 '구제해야 할 대상'이 아니라, 그들이 필요한 것을 먼저 살펴 살뜰히 '돌보아야 할 존재'이다. 그 마음과 관심 속에서 비로소 학교는 아이들이 안전하다고 느끼는 공간이 될 수 있다.

이를 위해 진짜 강원교육은, 문해력·수리력을 중점으로 하는 '학력 지수'와 더불어, 학생이 더 잘 배울 수 있는 조건, 즉 '웰빙 지수'를 신설해 종합적으로 살피고자 한다. 학생의 웰빙 지수에는 '행복지수, 건강지수, 복지지수'도 포함된다.

지난 3년 동안, 강원 학생의 행복지수는 눈에 띄게 하락했다. 어린이재단이 발표한 자료에 의하면, 2024년 강원 학생의 행복지수는 전국 17개 시도 중 15위이다. 이 자료에 의하면, 강원 학생 행복지수에 부정적인 영향을 미친 지표는 여가와 휴식, 또래 관계이다. 그렇다고 해서 학업지수가 올라간 것도 아니다. 학력의 지표로서 그토록 강조한 수능 성적은 여전히 최하위권이다.

앞으로 도교육청은 아이들의 행복도를 가늠할 새로운 도구를 개발할 것이다. 단순한 수치 측정이 아니라 아이들 삶을 진정으로 이해할 수 있는 도구를 마련하고자 한다. 행복을 세밀하게 측정하고, 그 원인을 살피며, 건강 역시 마음과 몸을 아우르는 포괄적 지수로 확인할 것이다.

이와 함께 아이들 건강도 챙겨야 한다. 기존의 팝스PAPS만으로는 측정하기 어려운 분야, 정서적·사회적 영역까지 포괄하는 '포괄적 건강지수' 측정 도구를 개발할 것이다. 아이들의 행복을 위해서는 사회적 차원의 복지도 필요하다. 복지의 손길이 닿지 않는 사각지대는 없는지, 계층과 지역의 격차는 없는지 살피며, 인지적·정의적·심동적 영역까지 통합적으로 살피는 '포괄적 복지지수'를 개발할 것이다.

이 모든 데이터는 서로 연결되어야 하고, 유아에서 고등학생에 이르기까지 누적되어야 한다. 그렇게 쌓은 이해를 바탕으로, 강원도는 학생들의 학업과 행복, 몸과 마음의 건강을 온전히 보살필 수 있는 가정-학교-지역사회 연계 복지 시스템을 만들 것이다. 아이들의 하루하루가 숫자 너머의 의미를 가지도록, 강원교육은 그 길을 함께 걸어가려 한다.

스마트폰, 중학교까지 기다려요!

진짜 강원교육은 사소해 보이지만 매우 중요한 문제, 학교와 가정이 함께 실천할 과제도 모색해야 한다. 가장 대표적인 것이 스마트폰 문제이다. 요즘 아이들 일상에서 스마트폰이 차지하는 비중이 지나치게 커졌다. 어린 시절부터 쓴 아이들은 며칠간 스마트폰과 떨어져 지낸 경험을 '장기를 떼 내는 느낌'이라고까지 표현한다. 스마트폰은 우리에게 편리함과 즐거움을 주지만, 동시에 아이들의 마음과 삶에 조용한 균열을 내고 있다. 게임과 짧은 영상 속에 빠진 아이들은 점점 책과 멀어지고, 스스로 집중하고 생각하며 표현하는 능력도 잃어 간다. 친구와 마주 앉아 이야기를 나누는 따뜻한 시간마저 점점 사라진다.

지난해 5월, 미국 컬럼비아대학에서 이런 경향을 데이터로 입증하는 연구 결과를 발표했다. 어린 시절 스마트폰에 일찍 노출될수록 성인이 된 후에 난관 극복, 변화의 동기, 문제 해결 등 중요한 정신 건강 영역 지표들이 눈에 띄게 나쁘다는 결과였다. 청년 시기의 정신 건강 지표들이 스마트폰을 처음 갖게 된 나이에 정확히 비례하는 우상향 그래프를 보여 준다. 즉, 어린 시절

부모가 스마트폰을 늦게 사 준 청년일수록 긍정적 영역의 점수가 높게 나타난다는 뜻이다.

「초·중등교육법」이 개정되어 이제 학교에서 스마트폰 사용을 금지할 수 있는 법적 근거가 마련되었다. 하지만 이것은 법률만으로 해결할 수 있는 문제가 아니다. 가정에서 스마트폰 과의존에 관대하면 문제는 해결되지 않기 때문이다. 스마트폰 문제를 어떤 시각에서 바라보아야 하는지 사회적 공감대 형성이 필요하다. 아이들만 규제할 것이 아니라 어른들도 스스로 절제할 수 있는 능력이 필요하다.

그래서 학교와 가정에서 함께 손을 맞잡고 작은 실천을 하고자 한다. 학교와 가정 모두 스마트폰 사용을 자제하고 스마트폰 사 주는 시기를 가능한 늦추자는 〈스마트폰 프리 운동〉을 전개할 것이다. 어른이 먼저 모범을 보여야 한다. 학교에서 교사는 아이들에게 책을 읽어 주어야 하고, 가정에서 부모는 자녀들과 함께 몸을 부딪치며 뛰놀아야 한다. 스마트폰에 빠져들기 전에 자연의 아름다움에 빠져들어야 하고, 책을 읽으며 키운 생각을 글로 쓰며 표현할 수 있어야 한다.

이 작은 움직임 속에서 아이들은 건강하게 자라난다. 디지털 속에서 잃어버린 집중과 감각을 되찾고, 눈앞의 세계와 사람을 온전히 느끼는 법을 배우며, 안전하고 생생한 삶의 터전을 가슴에 새길 수 있어야 한다. 학교와 가정, 그 모든 공간은 아이들에게 돌봄과 경험이 공존하는 살아 있는 배움터가 되어야 한다.

학생들 사이의 관계도 매우 중요하다. 학교는 건강하게 관계 맺음을 경험할 수 있는 환대와 우정의 공간이 되어야 한다. 하지만 현실에서는 여전히 폭력과 따돌림이 존재한다. 학교폭력의 원인은 여러 가지가 있지만 그중에서도 매우 중요한 것이 공감 능력의 부족이다. 나와 다른 사람의 처지를 이해하고 이에 대해 공감하는 능력이 부족하기에 남에게 상처를 주게 된다. 이는 단지 학교만의 문제는 아니다. 가정과 사회에서도 우리는 종종 공감의 부재를 목격한다.

캐나다에서는 어린 시절부터 '공감의 뿌리' 교육을 진행한다. 공감 능력과 사회·정서적 역량을 키우기 위한 인성교육 프로그램이다. 예컨대, 초등학생 교실에 아기를 초대하고, 아이들이 아기의 감정을 알아차리고 이해하는 연습을 한다. 이 단순하지만 깊은 경험이 아이들 마음에 씨앗을 심는다. 우리도 유치원부터 고등학교까지 학교급에 맞는 공감교육 프로그램을 마련할 수 있다.

이와 함께 '회복적 생활교육', '긍정적 행동지원'도 진행할 것이다. 회복적 생활교육은 단순히 잘못을 처벌하는 것이 아니라, 관계를 회복하는 것을 목표로 한다. 갈등이 생겼을 때, 아이들은 스스로 문제를 해결하며 서로를 이해하는 법을 배운다.

최근에는 긍정적 행동지원에 대한 관심도 높아지고 있다. 이는 자신의 감정을 조절하지 못하는 학생, 돌발 행동으로 수업 진행을 방해하는 학생 같은 문제행동을 보이는 학생을 위한 특별 지원 프로그램이다. 이는 매우 높은 전문성이 있어야 한다. 서울특별시교육청은 교원단체 좋은교사운동과 협약을 맺어 긍정적 행동지원 매뉴얼을 제작하고 지원단을 운영하고 있다.

이러한 다양한 흐름을 묶어 강원의 학생들이 자기 자신을 성찰하고 다른 사람과 좋은 관계를 맺을 수 있는 총체적인 지원 방안을 마련할 것이다. 전문가 집단과 협업하여 다양한 상황에 대처하는 매뉴얼을 제작하고, 전문 지원팀을 운영하여, 교사의 어려움을 지원할 것이다. 이는 궁극적으로 모든 아이가 행복한 학교를 만드는 데 큰 도움이 될 것이다.

모든 아이는 별처럼 빛나야 한다. 그 빛을 온전히 발휘하도록 돕는 것은 맞춤형 개별화 지원에서 시작해, 학생의 안전과 행복을 위한 총체적인 지원으로 이어진다. 진짜 강원교육은 전국에서 가장 앞서 이 분야를 선도할 것이다. 강원교육은 다양한 상상력과 과감한 정책을 구현하는 장이 될 것이다. 모든 정책의 기준은 아이들의 행복에 있다.

07

인공지능^AI 시대, 강원교육이 나아갈 방향은?

문자 발명에 비견할 만한 충격, 슬기롭게 활용할 수 있는 인재를 키워야

알파고를 장착한 이세돌을 키우자

2016년, 알파고와 이세돌의 바둑 대국은 많은 사람에게 충격을 주었다. 인공지능 열풍의 시발점이었다. 그 이후 챗GPT 등 누구나 쉽게 접근할 수 있는 생성형 인공지능이 등장하고 영상 제작과 코딩 같은 전문 분야까지 침투하면서, 가히 '인공지능 시대'라고 할 만한 분위기가 되어 가고 있다. 이제는 인간과 동등한 수준의 지능을 갖춘 인공일반지능AGI: Artificial General Intelligence 개발까지 논의되고 있으니, 인간이 인공지능에 지배당하지 않을까 걱정하는 지경이다. 지금 인공지능의 발전 속도는 우리가 상상하는 것 이상이다.

긴 인류 역사를 살펴보면 몇 가지 특이점이 보이는데, 그중

하나가 문자의 발명이다. 떠도는 구전 지식을 기록으로 남기기 시작한 문자혁명을 통해 인간은 급속도로 문명을 발전시킬 수 있었다. 지금 AI의 등장이 주는 혁명적 충격은 문자혁명과 비교할 만하다. 문자는 지식의 보존과 전파 방식을 바꿨고, 인공지능은 지식의 '생산'과 '활용'의 속도와 범위를 바꾸고 있다.

문자가 없던 시대의 교육이 문자 시대의 교육과 다를 수밖에 없는 것처럼, 인공지능 시대의 교육은 그 이전과 무언가 달라야 하지 않을까? 이에 대한 판단은 명료하다. 인류가 문자를 도구로 활용하며 문명을 발전시켜 왔듯이, AI 역시 도구로서 잘 활용하도록 교육해야 한다는 것이다.

미래 세대는 AI와의 대결을 넘어, '알파고를 장착한 이세돌'이 되어야 한다. AI가 제시하는 바둑의 수를 자신의 생각과 안목으로 평가하여, 좋다고 판단하면 받아들이고 그렇지 않으면 과감하게 버릴 수 있는 수준의 안목을 갖추어야 한다. 이를 다른 말로 하면, AI 문해력(리터러시)을 갖춘 시민을 길러 내는 것이다. 단순 사용법을 넘어, AI가 가진 강점과 한계 그리고 그 결과를 평가하는 기준까지 갖춘 사용자 말이다.

지금 세계는 사회·경제·문화 전반에서 인공지능 시대라는 구조적 변혁을 경험하고 있다. 전기 발명이 인간 활동의 시공간을 송두리째 바꾼 것처럼, 인공지능 기술은 미래 국가 경쟁력의 핵심으로 떠오르고 있으며, 학교의 목표와 수업, 평가도 전방위적인 영향을 줄 수밖에 없을 것이다. 단지 새로운 과목을 추가하는 문제가 아니라, 학교 전체의 학습 경험을 재설계하는 근본적 고민이 필요하다.

특히 쳇GPT의 등장은 인지 혁명을 일으키고 있다. 오늘날 생성형 AI 기술은 미래 기술이며, 이를 이해하고 잘 다루는 미래인과 그렇지 않은 현재인이 함께 살아가고 있다. 교육의 역할은 분명하다. 미래인을 양성하는 것이어야 한다. 미래인은 AI를 두려워하지 않고, 도구화하고, 검증하고, 책임 있게 사용하는 사람이다.

인공지능 시대, 교육은 어떤 능력을 길러야 하나?

AI는 방대한 정보를 즉각 처리하고 분석하는 능력을 지녔다. 소프트웨어 개발자를 대체하고, 법률 사무를 꿰뚫는 인공지능 앞에서 인간이 지식을 축적하는 것에 대한 가치는 상대적으로 감소하고 있다. 이제는 인공지능이 생성한 지식을 재구성하고, 다양한 정보를 융합하여 새로운 가치를 창출하며, 복잡한 문제에 대해 창의적으로 해결책을 모색하는 능력이 더욱 중요해졌다. 따라서 비판적 사고력, 문제 해결력과 같은 고등 사고력이 교육의 핵심 목적이 되어야 한다.

더불어, 인공지능이 인간의 지적 활동을 빠르게 대체하는 시대일수록, 교육은 기계가 모방할 수 없는 인간 고유의 능력과 가치를 중심으로 재편되어야 한다. 인간만이 지닌 감성, 공감, 창의적 사고, 도덕적 판단은 AI가 완전히 구현할 수 없는 영역이기 때문이다. 따라서 미래 교육의 핵심은 기술 활용 능력뿐 아니라, 인간다움의 본질을 지키고 확장하는 방향으로 나아가야 한다.

특히 감성·공감 교육을 강화해야 한다. 문학, 예술, 인문 활동을 통해 자신의 감정을 표현하고 타인의 마음을 이해하는 교육이 중요하다. 구체적으로 문학 독서 토론, 연극·뮤지컬, 미술 활동 등을 통해 자신과 타인의 감정을 언어화하고 해석하는 힘을 기른다.

더불어 인문학적 통찰 능력을 키우는 데 힘을 쏟아야 한다. 기술이 목적이 아니라 수단임을 이해하도록, 윤리·철학·역사와 연결한다. '기술 발전의 득과 실을 누가, 어떻게 감당할 것인가'를 토론하고, 기술 선택의 가치 판단을 학습해야 한다.

협력·의사소통 능력 또한 중요한 영역이다. 인공지능 시대에는 사람과 AI가 동반자로서 역할을 조율하고, 서로 다른 생각과 관점을 가진 사람들과 협력하여 문제를 해결하는 능력이 더욱 중요해질 것이다.

컴퓨팅·사고력과 문제 해결력 키우기

미래 세대에게 컴퓨팅 사고력은 기초 수학처럼 모든 학문의 기반이 되어야 한다. 왜 컴퓨팅 사고력이 중요한가? AI 시대의 경쟁력은 AI 비서와 얼마나 잘 협업하느냐에 달려 있고 그것은 컴퓨팅 사고력이 좌우한다고 해도 과언이 아니다. 프롬프트 PROMPT, 즉 질문은 알고리즘 설계와 같다. AI가 사고하는 방식인 알고리즘을 이해하고 질문할 때 정확하게 원하는 결과를 얻을 수 있다.

그러면 컴퓨팅 사고력은 어떻게 길러야 할까? 컴퓨팅 사고력은 문제 해결력과 떨어질 수 없는 관계이자, 디지털 시대에 특화된 문제 해결 방식이다. 컴퓨팅 사고력은 문제를 논리·데이터·절차 중심으로 구조화하여 컴퓨터가 처리할 수 있도록 표현하는 구체적 형태이다. 공통점은 둘 다 문제를 분석하고 해결 방안을 찾는 사고 과정을 포함한다.

〈컴퓨팅 사고력의 구성 요소〉

- 분해Decomposition: 크고 복잡한 문제를 처리할 수 있는 작은 문제로 나누기
- 패턴 인식Pattern recognition: 문제나 데이터에서 일정한 경향이나 반복되는 규칙 발견
- 추상화Abstraction: 중요한 정보에 집중하기 위해 불필요한 세부 내용 제거
- 알고리즘 개발Algorithm Design: 문제를 해결하기 위한 절차·규칙을 명확히 기술하기

결국 AI 시대의 기초역량인 컴퓨팅 사고력은 문제 해결력을 기반으로 한다. 따라서 전 교과와 생활 속에서 문제 해결력을 기르는 수업은 '문제를 논리적·절차적으로 해결하도록 훈련'한다는 점에서 컴퓨팅 사고력을 기르는 기반이 된다.

다만 AI의 지나친 사용은 역설적으로 문제 해결력이나 컴퓨팅 사고력 형성을 방해할 수 있음을 주의해야 한다. 매사추세츠공과대학^{MIT}의 최근 연구에 따르면, 학습 과정에서 생성형 AI를 썼을 때 두뇌 활동이 저조해지고 학업 효율과 결과가 나빠질 수 있다. 실험 참가자들은 세 그룹으로 나누어져 20분간 에세이를 쓰는 과제를 받았다. 실험 결과, 아무 도구 없이 에세이를 썼을 때 집중도나 학업 결과가 가장 높은 것으로 나타났다. 측정한 뇌파도 가장 활발했고, 교사가 채점한 에세이 점수도 가장 높았다. 반면 챗GPT를 활용한 그룹은 세 그룹 중 가장 낮은 학업 효율과 결과를 보였다. 마치 초등학생에게 계산기를 먼저 이용하게 하면 사칙연산 개념 학습이 방해되는 것과 같다. 인공지능 수업에서도 기본 원리인 컴퓨팅 사고력을 배우기 전에 생성형 AI가 과제를 다 해결해 주면 학생은 자기 생각을 제대로 성장시키기 어렵다.

교육력을 높이기 위해 인공지능 잘 활용하기

'인공지능 시대에 우리 아이들을 어떻게 잘 키울 것인가'라는 질문에는 '어떻게 인공지능을 활용해서 교육력을 높일 것인가?'라는 질문도 포함된다. 전임 정부는 〈인공지능 디지털 교과서〉가 답이라며 교육계 숙의도 생략한 채 수십조 원 예산으로 밀어붙였다. 그 결과 학부모와 교사의 반대에 직면했고, 결국 혼란만 남긴 채 수업 자료로 격하되며 추진 동력을 상실했다.

전임 정부가 제대로 준비하지 않은 채 인공지능 디지털 교과서를 추진한 것은 명확하게 반대한다. 그런데 그것이, 앞으로 교육 현장에서 인공지능을 활용하는 것에 반대한다는 의미는 아니다. 아니 오히려 많은 호기심을 갖고 탐구해야 할 주제로 생각하고 있다. AI는 학습자의 특성·수준·상황에 최적화된 자료와 방법을 제공하여 개인 맞춤형 교육으로 전환할 수 있는 힘이 있기 때문이다.

대표적 사례로 노리KnowRe가 있다. 데이터 분석과 머신러닝을 활용한 적응형 수학교육 플랫폼으로, 문제 풀이 과정에서 오류 원인을 분석하고 이에 따라서 개별 학습 경로를 제시한다. 진단-학습-처방의 3단계 구조와 AI 알고리즘 기반 추천이 특징이며, 오답 유형을 분석해 보여 줘 학생이 어디서 막히는지 구체적으로 파악할 수 있다.

서울시교육청은 2023년 11월 전국 11개 시·도교육청과 함께 '인공지능 맞춤형 교수학습 플랫폼'을 공동 구축한다고 발표했으며, 2025년 9월부터 시범 운영에 들어갔다. 이 플랫폼은 다양한 콘텐츠와 연계하고 학습 데이터를 활용하여 개별 학습 경로를 지원한다. 강원특별자치도교육청에서는 현재 강원아이로$^{AI-ro}$를 운영하고 있다. AI와 빅데이터를 활용하여 학습 수준을 평가하고 맞춤형 학습을 제공하는 AI 학습 지원 플랫폼이다.

진짜 강원교육 또한 인공지능의 학습 지원 가능성을 적극 탐색할 것이다. 학생들의 특성과 수준에 대한 맞춤형 처방으로 단 한 명도 포기하지 않는 책임교육과 개별 맞춤형 교육의 가능성을 높이고, 학교 현장의 업무 부담을 줄여 교육력을 높일 수 있는 길에 적극적으로 투자할 것이다.

인공지능 시대의 윤리와 사회적 책임에 대해 고민하기

인공지능 시대가 본격화되면서 새로운 윤리적 쟁점이 만들어지고 있다. 사회적으로 쟁점이 된 윤리 문제는, 교육에서 중요하게 고려해야만 하는 요소다.

첫째, 환각 현상과 거짓말이다. 얼마 전 챗GPT의 환각 현상을 잘 보여 주는 사건이 화제가 되었다. 챗GPT에 '세종대왕 맥북프로 던짐 사건 알려 줘'라고 질문하였다. 그러자 챗GPT는

'15세기 세종대왕이 새로 개발한 훈민정음의 초고를 작성하던 중, 문서 작성 중단에 분노해 담당자에게 맥북프로와 함께 그를 방으로 던진 사건'이라고 설명했다. 존재하지 않는 사건을 그럴듯하게 꾸며 내는 사례는 생성형 AI의 한계를 보여 준다. 그래서 우리는 인공지능 시대에 더더욱, 출처 확인, 교차 검증, 반증 시도를 습관화해야 한다.

둘째, 표절·부정행위 우려다. 생성형 AI가 쓴 글과 사람이 쓴 글을 명확히 구분하기 어렵다. 최근 모 대학의 AI 활용 집단 커닝 사건처럼, 실제 학교에서는 수행평가 과제를 인공지능이 했는지 여부로 갈등이 일어나고 있다. 탐지 도구를 도입하더라도 확실하지 않은 경우가 많으므로, 과제 설계 자체를 바꿔 개인 경험, 현장 데이터, 과정 기록, 구술 발표 등 AI가 대체하기 어려운 내용을 포함해야 한다.

셋째, 알고리즘 편향과 공정성이다. 사용하는 데이터가 균형적이지 않으면 결과의 편향으로 이어진다. 2024년 한 연구에 따르면, 대학에서 널리 쓰이고 있는 예측 알고리즘이 흑인이나 히스패닉 학생들의 성공 가능성을 과소평가하는 경향이 있는 것으로 나타났다. 교육 영역에서 인공지능이 평가에 활용될 경우, 학생 평가나 성공 예측에서 차별을 낳을 수 있다는 경계가 필요하다.

넷째, 개인정보 보호와 보안이다. 인공지능은 그 본질상 학습 데이터, 성향, 행동 패턴 같은 민감한 정보를 대량으로 수집할 수밖에 없다. 심각한 개인정보 유출을 예방할 수 있도록, 최소 수집, 접근 권한 분리, 데이터 파기 같은 원칙을 더욱 엄격히 해야 하며, 학생과 학부모가 이해할 수 있는 동의 절차와 설명 자료를 갖춰야 한다.

AI 전문 인재 양성 고등학교 설립

대한민국 정부는 'AI 대전환'을 국가 미래 전략의 핵심으로 천명하며, 인공지능 교육 강화와 전문 인재 양성을 국가 과제로 추진하고 있다. 이에 발맞춰 앞서 언급한 인공지능 시대의 기본 역량과 AI 활용 및 윤리교육은 모든 영역, 모든 학생에게 체계적으로 이루어져야 한다.

하지만 그것으로 충분하지 않다. 지금 강원도에는 고급 수학·과학 지식과 인문학적 소양을 갖춘 AI 개발 인재를 양성하기 위해 고등학교 설립이 필요하다. 강원도는 디지털 헬스케어, 데이터 기반 관광, 농축산 스마트화 같은 AI와 결합해 성장할 수 있는 잠재력을 가진 산업 기반을 다수 보유하고 있으나, 이를 뒷받침할 전문 인재는 턱없이 부족하다. 우수 학생들이 수도권으로 빠져나가는 현상 또한 지역 산업 생태계를 약화시키는 직접적 요인이다. AI 고등학교는 이 흐름을 바꾸고 지역의 인재를 붙잡는 데 중요한 역할을 할 것이다.

물론 새로운 고등학교를 신설하는 데에는 재정·행정적 제약이 크다. 그렇기에 현실적 대안은 기존 과학고를 확대·개편하는 것이다. 특히 과학고 AI 지방 캠퍼스를 설립해 AI 전문 교육 과정을 운영하는 방안은 강원도 전역의 학생 접근성을 높이고, 지역 대학·연구기관·기업과 연계한 프로젝트 기반 학습을 가능하게 한다. 이는 단순한 학교 확장이 아니라, 강원도가 미래 산업에 부합하는 새로운 '강원형 과학고 모델'을 구축하는 과정이자, 장차 AI 고등학교로 도약하기 위한 가장 현실적이고 전략적인 선택이다.

이미 우리 앞에 도착한 인공지능 시대

인공지능의 출현은 전기 발명처럼 우리 생활 전반에 큰 충격과 전환의 계기를 가져왔다. 변화는 단순히 기술이 새롭게 등장하는 것에 그치지 않고, 사회와 경제, 문화, 인간의 삶의 방식 전체를 다시 설계하도록 요구한다. 교육 역시 예외가 아니다. 우리는 새로운 시대를 맞이하며 두 가지 중요한 질문 앞에 서 있다. '아이들은 어떤 능력을 갖추어야 하는가?' 그리고 '학교는 무엇을 가르치고 어떻게 길러야 하는가?'

이 질문에 대한 답은 분명하다. 인공지능 시대의 교육은 기술이 인간을 대체하는 세상이 아니라, 기술이 인간의 가능성을 확장하는 세상으로 나아가야 한다. 우리는 학생들이 AI를 두려워하는 사용자가 아니라, AI를 비판적으로 평가하고 창의적으로 활용하며 책임 있게 다루는 주체적 사용자, 나아가 미래를 설계하는 시민으로 성장하도록 도와야 한다. 그러기 위해 교육은 단순한 지식 전달을 넘어, 고등 사고력과 인간다움의 가치를 온전히 담아내야 한다.

인간만이 할 수 있는 생각, 상상, 공감, 윤리적 판단과 같은 능력은 아무리 정교한 AI라도 대신할 수 없다. 따라서 교육은 AI가 하지 못하는 것을 강화하고, AI를 통해 더 넓게 사고하고, 더 깊이 탐구하며, 더 창의적으로 세상에 이바지할 수 있는 인재를 길러야 한다. 그 과정에서 공평한 기회, 책임 있는 사용, 윤리적 기준은 반드시 지켜야 한다. 이것이 인공지능 시대를 살아가는 우리 모두의 공동 과제이며 교육이 품어야 할 사명이다.

미래는 이미 쓰인 책이 아니라, 우리가 함께 써 내려갈 이야기다. 그리고 그 이야기는 지금 교실에서 배우고 있는 학생들 손에서 완성될 것이다. 인공지능 시대의 교육은 새로운 도전이지만 동시에 더 나은 교육을 만들 수 있는 기회이다. 우리 아이들이 AI로부터 위협을 느끼는 세상이 아니라, AI를 통해 성장하고, 협력하고, 더 큰 꿈을 펼치는 세상을 만드는 것-그것이 우리가 만들어야 할 미래이다.

08

교사의 교권과 교육 전문성,
어떻게 보장할 것인가?

교권은 교육의 필수 조건,
자율성-전문성-책무성을 크게 강화해야

학창 시절을 회상하면 교과서 내용보다 선생님이 먼저 생각난다. 영화 〈죽은 시인의 사회〉에 나오는 키팅 선생님처럼 진심으로 학생을 믿고 격려하던 분이다. 좋은 선생님을 만나면 아이의 인생이 달라지기도 한다. 좋은 선생님을 만난다는 것은 아이들이 '좋은 삶' 그 자체를 만나는 일이다. 그만큼 교사는 아이들의 성장에 깊은 흔적을 남기며, 세상을 향한 따뜻한 시선을 심어 주는 존재다.

오늘날 한국 교육이 이만큼 발전한 것도 교사 덕분이다. 코로나 시기, 엄청난 혼란 속에서도 학교 문을 열 수 있었던 것도 교사의 헌신 덕분이다. 우리나라 교사의 전문성은 세계에서 가장 높은 편에 속한다. 유능한 인재들이 좋은 교사를 꿈꾸며 교대와 사범대에 입학한다. 석사와 박사 학위를 지닌 교사도 적지 않다.

"교육의 질은 교사의 질을 넘을 수 없다"라는 말은 다소 진부하게 들릴지 몰라도 결코 부정할 수 없는 진실이다. 교육의 미래는 결국 교사에게 달려 있다. 그렇다면 우수한 교사를 계속해서 확보할 수 있는 방안은 무엇일까? 우선 교권의 보장이다.

「교육기본법」 제14조 1항은 이렇게 규정한다. "교원의 전문성은 존중되며, 교원의 경제적·사회적 지위는 우대되고 그 신분은 보장된다." 특정 직업군의 권리가 법으로 명시된 경우는 교직이 유일하다. 그만큼 교권은 교육의 본질과 직결된다.

도대체, 교권이란 무엇인가?

그런데 요즘 현실은 그렇지 않다. 선생님들의 '교권'이 땅에 떨어졌다는 목소리가 높다. 특히 일부 학부모의 악성 민원이 교권을 침해하는 경우가 많다. 서이초의 비극이 그러하다. 교사의 정당한 수업권을 방해하는 학생도 적지 않다. 이러한 현실에 절망하고 교단을 떠날 준비를 하는 교사도 늘고 있다. 악순환이 반복되고 있다.

이 문제를 어떻게 해결해야 할까? 우리는 먼저 교권이 무엇인지 정확히 알아야 한다. 그래야 학부모의 요구가 정당한 것인지 악성 민원인지 가려낼 수 있고, 교권을 보호하려면 어떤 조치가 필요한지 알 수 있다.

과거에는 교권을 마치 '교사의 무한 권력'인 것처럼 여기기도 했다. '학급은 담임교사의 왕국'이라는 표현도 있었고, 체벌과 같은 비교육적 행동을 정당화하기도 했다. 실제 불미스러운 언동을 하는 교사도 없지 않았다. 하지만 이제 그러한 시대는 끝났다.

교권이라는 말은 때로는 모호하게 쓰이지만, 그 속에는 핵심적인 의미 두 가지가 있다. 바로 교사의 '권리'와 교사의 '권한'이다.

먼저, 교사의 권리는 일반 시민의 기본권과 크게 다르지 않다. 교사도 인간으로서의 존엄을 지킬 권리, 행복을 추구할 권리 등을 가진다. 더불어 교사는 교육 활동의 자율성을 보장받고, 부당한 간섭에서 벗어나며, 신분을 보장받을 권리도 지닌다. 교원단체나 교원노조에 가입해 의견을 표현할 자유 역시 교사의 권리이다.

만약 교사가 부당하게 해고되거나 행정적 압박에 시달린다면, 교육의 질은 흔들릴 수밖에 없다. 교사가 소신껏 교육 활동에 임하고 열정적으로 가르칠 수 있어야 아이들도 안정적으로 배울 수 있다. 교사의 권리를 충분히 보장해야 교육의 질이 높아진다.

하지만 현실은 녹록지 않다. 우리나라 교사들은 여전히 여러 제약 속에서 기본권을 온전히 누리지 못하고 있다. 정치적 표현의 자유는 제한되어 있고, 정당 가입이나 선거 출마도 불가능하다. 교육을 누구보다 잘 아는 교사들의 목소리가 정작 정책 결정 과정에 반영되기 어려운 구조다. 그래서 현장의 고민과는 동떨어진 정책이 시행되기도 한다. 교사에게 정치적 기본권을 포함한 폭넓은 권리를 보장해야 하는 이유가 여기에 있다. 그래야만 학교가 살아 있는 공간이 된다.

교권의 두 번째 의미는 교사의 권한이다. 이는 '학생을 가르칠 권한'을 의미한다. 원래 자녀를 교육할 권리는 부모에게 있다. 하지만 부모는 전문성에서 한계를 지니기 마련이고, 그 권한을 교육전문가인 교사에게 위임한다. 국가는 그 위임의 범위와 자격 요건을 법으로 정하여 교사에게 부여한다.

이처럼 교사는 부모로부터 아이를 가르칠 권한을 위임받은 존재이다. 교사는 교육과정을 편성하고, 교재를 선택하며, 평가를 진행하고, 학생의 생활을 지도한다. 국가는 그 권한을 존중하고 보호해야 하며, 학부모는 교사의 권한을 신뢰하고 인정해야 한다. 물론 교사가 이 권한을 독단적으로 행사해서는 안 된다. 국가의 법령을 따르고, 학부모와 소통하면서 교육을 수행해야 한다.

무엇보다 중요한 것은 이 권한의 본질이다. 교사의 권한은 곧 '학생을 잘 가르칠 권한'이다. 그것은 권력power이 아니라 권위authority에서 나온다. 교사의 권위는 강요로 생기지 않는다. 교사의 전문성과 인격으로부터 '가르침의 권위'가 우러나와야 한다.

결국 교권의 핵심은 교사의 자율성과 전문성이다. 자율성이 보장될 때 교사는 자신의 철학과 교육적 신념을 바탕으로 수업할 수 있고, 전문성을 키워 아이 한 명 한 명의 가능성을 꽃피울 수 있다. 교권은 교사의 특권이 아니라, 아이들이 더 나은 교육을 받을 권리를 지탱하는 최소한의 기반이다. 교권이 침해되면 결국 학생의 학습권 침해로 이어진다.

교권 침해는 왜 일어나는가?

교권 침해는 단순히 한 교사에게 일어나는 불행이 아니다. 그것은 교사와 국가, 학교 관리자, 학부모, 학생 사이에 형성된 긴장과 균형의 실패에서 비롯된다. 때로는 이 긴장이 지나치게 높아져서, 교권이 눈앞에서 무너지는 참담한 장면으로 나타나기도 한다.

과거에는 국가나 학교 관리자가 교권을 침해하는 경우가 적지 않았다. 군사독재의 그림자가 교육 현장에 드리워 있던 시절, 교사는 국가권력의 시녀로 동원되었고, 학교장의 말은 곧

법과 다름없었다. 교사는 국가나 상급자의 권력에 짓눌려 자신의 교육적 소신을 제대로 펼치지 못했다. 1980년대에 교육민주화 운동은 이를 극복하여 교사의 교권을 지키는 과정이기도 했다.

교육민주화를 이루어 가는 와중에 교권을 위협하는 또 다른 흐름이 찾아왔다. 바로 신자유주의 교육정책이다. 교육을 '상품'으로 바라보는 시선이다. 교사를 '성과 평가를 받는 공급자'로 바라보는 관점이 교사의 교권을 갉아먹었다. 국가는 교원평가와 성과급 정책으로 교사에게 등급을 매겼고, 학부모는 수요자로서 교육을 '서비스'로 소비하는 입장이 되었다. 교사의 사회적 권위는 땅에 떨어지기 시작했다.

여기에 심각한 저출생 현상이 결합하기 시작했다. 합계 출산율 약 0.7명인 나라에서 아이를 낳아 키운다는 것은 매우 큰 결단과 용기가 필요하다. 그러다 보니 오직 금쪽같은 자기 자녀만 눈에 들어오는 현상이 생겼다. '극단적인 자기 자녀 이기주의'가 이러한 맥락에서 생겨났다.

학교는 모든 아이를 위한 '공동체'이지 단순한 '서비스업'이 아니다. 그러니 애당초 한 아이만을 위한 학교는 불가능하다. 하지만 일부 학부모는 '내 아이'를 중심으로 학교가 움직일 수 있다고 착각한다. 학교도 사람이 사는 곳이라 수많은 갈등이 생길 수밖에 없고, 교사는 앞뒤 사정을 살펴 각종 법령과 규칙에 따라 수업과 생활교육을 한다. 학교는 민주시민을 기르기 위한 공적인 기관이다. 무엇보다 공동체의 원리가 우선 작동해야 하기에, 학부모의 요구에 따라 움직이는 학원과는 다르다. 이러한 사적인 경험이 공교육에 대한 불신을 낳고, 악성 민원과 법적 위협이라는 압박이 교사 누구에게나 일어날 수 있는 일이 되었다.

이러한 문제가 응축되어 터진 사건이 서이초 교사의 비극이다. 학부모의 지속적 압박과 악성 민원 속에서 스스로 삶을 포기한 선생님의 비극은 전국 교사들에게 깊은 공감과 분노를 일으켰다. 서이초 비극 이후 교사들의 요구는 간명하다. '안전하게 가르칠 권리'를 보장하라는 것이다.

외국의 학교를 둘러본 교사들이 이구동성으로 하는 말이 있다. 교사가 교육 활동에만 전념할 수 있는 시스템이 갖춰져 있다는 것이다. 교사 개인을 보호하면서도 학부모와 소통할 수 있는 구조가 있고, 학부모의 악성 민원이나 학생의 심각한 문제행동 같은 어려운 일에 대해서는 관리자의 역할과 책무성이 높다. 또한 학생 특성에 따라 다양한 보조 인력이 지원되고, 특수교육이 포괄하는 범위는 우리보다 훨씬 넓으면서도 이에 대한 지원이 촘촘하다.

우리나라에서는 대체로 이 모든 것을 교사에게 떠넘긴다. 그러다 보니 교육 활동 외에 부과되는 외적 업무량이 늘어난다.

「학교폭력예방 및 대책에 관한 법률」은 학생 사이 사소한 갈등도 법적 분쟁으로 번질 수 있게 되어 있다. 과거 「아동학대범죄의 처벌 등에 관한 특례법」은 학부모 신고만으로도 교사의 직위를 해제할 수 있었다. '갑'의 위치를 자처하는 소비자로서 '내 아이'만 특별한 대우를 요구하는 학부모도 늘었다. 교사를 전문가로 인정하지 않고 통제의 대상으로 취급했던 국가와 오랫동안 진행된 신자유주의 정책이 낳은 결과이다.

교사들의 절박한 목소리가 반영되어 교권 관련 법률이 일부 개정되었다. 하지만 법률 개정만으로 문제가 해결되는 것은 아니다. 교사들은 법률 개정을 통해 학교 현장이 달라진 것이 거의 없다고 말한다. 이미 「학교폭력예방 및 대책에 관한 법률」, 「아동학대범죄의 처벌 등에 관한 특례법」 같은 여러 법률이 학교 현장을 사법화시켰다. 수많은 법률이 오히려 분쟁 가능성을 키우는 셈이다.

교권 침해는 단순한 사건이 아니라, 우리 교육의 구조적 문제를 비추는 거울이다. 오늘 우리가 고민해야 할 질문은 분명하다. "학교는 어떤 공동체여야 하는가?" 그리고 "교사의 자율성과 전문성을 발휘할 수 있는 여건을 어떻게 만들 것인가?"이다.

교사와 학부모, 이대로 갈라서도 되는 걸까?

교권은 단순히 교사의 권리가 아니다. 그것은 친권자인 학부모로부터 국가를 통해 위임받은 권한이다. 교사가 학생을 가르칠 권한을 가진 일차적인 주체이지만, 동시에 학교는 학부모의 의견을 경청하여 반영할 책임도 있다. 교육의 궁극적인 목적은 학생의 전인적 성장이다. 그래서 흔히 교사, 학생, 학부모를 교육의 3주체라고 한다.

학부모 집단 전체를 매도해서는 안 된다. 때로는 과도한 요구를 하는 학부모가 있다 하더라도 그 뒤에 숨겨진 마음을 살펴야 한다. 그리고 개인적인 악성 민원을 넘어, 공동체 의식에 기반한 참여가 이루어지도록 하는 구조를 만들어야 한다. '악성 민원은 단호하게, 정당한 참여는 폭넓게'. 이는 앞으로 강원교육이 추구해야 할 가치이다.

일부 학부모의 악성 민원은 과감히 차단해야 한다. 이는 학교교육에 대한 몰이해, 교권에 대한 무지에서 비롯된 것이다. '극단적 자기 자녀 이기주의'보다 '모든 아이를 내 자녀처럼 생각하는 시민 의식'을 기를 기회를 주어야 한다. 학교가 악성 민원을 용인하면 그 기회는 사라진다.

악성 민원을 해결하는 것은 개별 교사가 아니라 학교 관리자와 교육청의 책임이어야 한다. 이를 위해 강원도교육청에 통합민원센터를 설치하고자 한다. 이 센터에는 교육과정, 생활교육,

학교폭력 등 각 분야의 전문가가 배치될 것이다. 각종 법령과 사례에 해박한 지식과 경험을 가진 전문가들이 문제 해결사로 나설 것이다. 그래서 학교에서 자체적으로 해결하기 어려운 민원을 교육청이 대처할 것이다. 교사는 본연의 교육 활동에 전념하고, 민원 대응은 체계적인 시스템 안에서 해결하게 된다.

학교 관리자의 역할도 매우 중요하다. 보통 학교 내 갈등은 한 학급에 국한되는 것이 아니라 학교 전체의 문제이기도 하다. 앞으로 도교육청은 심각한 학교폭력 문제는 교육지원청이 대응하되, 학교 자체적으로 갈등을 해결할 수 있는 역량을 기르도록 할 것이다. 학교 관리자의 문제 해결 역량을 기르기 위해 명확한 매뉴얼을 제공하고 전문적인 연수를 강화할 것이다.

학부모의 개별적 악성 민원을 해결하는 근본적인 방법은 학부모의 건강한 학교 참여를 활성화하는 것이다. 학부모의 의견이 전달되는 공식적인 통로가 없으니 개별적 악성 민원이 자주 발생한다. 학부모회가 탄탄하게 운영되는 학교 사례를 보면 해결책이 보인다. 이들 학교에서는 학부모회 선배가 후배 학부모의 코치가 되어 준다. 학부모회 차원에서 학교 교육과정, 학사 운영, 학생 생활교육 등에 대해 기본적으로 이해하게 된다. 학부모회가 스스로 학교와 교사를 존중하고, 각종 교육 활동에 도움을 주며, 모든 아이를 내 자녀처럼 돌본다.

이런 학교에서도 민원이 없을 수는 없다. 하지만 웬만한 민원은 학부모회에서 스스로 해결한다. 대개 민원은 학교교육에 대한 오해에서 비롯되기 때문에, 학부모들이 스스로 자정의 노력을 한다. 그래도 해결되지 않는 민원은 학부모회 대표가 학교장에게 공식적으로 제기하면 학교장 스스로 해결하거나, 필요한 경우 교직원 회의의 안건에 부쳐 교사의 집단지성이 발휘되도록 한다. 무엇보다도 학교장과 학부모회 대표는 교사와 학부모 사이에 신뢰가 쌓일 수 있는 학교 문화를 만들기 위해 노력해야 한다.

교사의 노력도 필요하다. 서이초 비극 이후, 악성 민원과 법적 위협에 시달린 교사들이 적극적인 교육 활동을 회피하는 경향이 늘어나고 있다. 그래야 자신의 안전이 보장된다고 생각하기 때문이다. 심지어 교사와 교사 사이에 보이지 않는 장벽이 높아지는 경향도 늘어나고 있다.

하지만 교사와 학부모 사이의 벽을 높이 쌓는다고 하여 교사의 안전과 교권이 보장되는 것은 아니다. 한 교원단체의 발표에 의하면 교사들은 편향된 10%를 제외한 나머지 학부모들과는 얼마든지 대화를 통해 소통할 의사가 있다고 한다. 그 10%의 학부모는 학교장이나 교육청의 몫으로 넘기더라도, 나머지 학부모들과는 적극적으로 대화를 나누는 것이 상호 이해를 높이고 교권을 보장하는 데 도움이 된다고 응답했다.

코로나19 이후 학교 안 소통 문화는 크게 위축되었다. 여기에 보수 교육감의 퇴행적 교육정책이 겹치면서 학교 현장은 더욱 힘들어졌다. 학부모의 악성 민원까지 더해지면서, 교사의 심리적 위축은 심각해졌다. 이런 때일수록 '담쌓기'보다 '말 걸기'가 필요하다. 학부모회의 공식적인 참여를 활성화하고 신뢰와 소통의 학교 문화를 만들어 가는 것이 절실한 과제이다.

교사의 전문성을 높이는 방법은 무엇인가?

우리가 교사의 교권을 존중하는 이유는 명확하다. 공인된 교육 전문가이기 때문이다. 우리는 교사가 자신의 전문성을 마음껏 발휘하기를 기대한다. 전문가는 전문성뿐만 아니라 자율성과 윤리성을 함께 갖춰야 한다.

교사는 대부분 교대나 사범대를 거쳐 임용시험을 통과한 후 교육계에 들어온다. 이후에도 끊임없는 자기 계발을 통해 전문성을 쌓는다. 전문가에게는 자율성이 부여된다. 전문가는 자기가 하는 일을 스스로 결정할 수 있는 사람이다. 주어진 매뉴얼이나 상부 지시만을 따르는 사람을 전문가라 할 수 없다. 더 나아가, 전문가는 스스로 결정하고 집행한 결과에 책임을 지는 윤리성을 지녀야 한다. 교사에게 윤리성은 특히 중요하다. 어린 학생들의 삶과 성장을 책임지는 일을 하기 때문이다.

교사의 윤리성이 발휘되려면 '책무성 시스템'을 갖춰야 한다. 교사 개개인의 양심에 맡길 일이 아니다. 학교에서는 교사의 '공동체적 책무성'이 발휘되도록 한다. '전문적 학습공동체'가 대표적인 예이다. 교사가 각자 어려움을 떠맡는 것이 아니라 동료 교사와 함께 좋은 방법을 찾아야 한다. 교사 개인의 몫으로 방치하는 것이 아니라 모든 교사가 '함께 책임'을 지는 것이다. 교사 개인의 힘으로 감당하기 어려운 학생이 있다면, 모든 교사가 함께 문제를 진단하고 해결책을 찾아야 한다. 예컨대, 학교폭력 문제가 발생했다면, 가해 학생의 담임교사만 책임지는 것이 아니라 그 학생을 알고 있는 모든 교사가 함께 책임지는 문화와 시스템을 마련해야 한다.

관리자의 책무성은 더더욱 중요하다. 학교장이 있는 이유가 여기에 있다. 학교장은 군림하는 자리가 아니라 책임을 지는 자리이다. 교사가 힘들어하는 학생과 학부모는 학교장이 직접 나서 책임을 져야 한다. 그리고 지역마다 교육장이 있다. 교육장은 교장과의 긴밀한 협업이 필요하다. 교육감은 유독 문제가 많은 지역에 대해서 교육장의 책임을 엄중하게 물어야 한다. 그래야 교육의 책무성이 높아진다.

교사 전문성에는 자율성이 필수적이다. 자율성이 없다면 전문성은 꽃을 피우지 못한다. 교과서대로만 수업을 진행한다면, 굳이 교사가 필요 없을지도 모른다. AI가 대신할 수 있기 때문이다. 하지만 수업은 단순히 지식을 전달하는 게 아니라, 교사의 안목과 시대적 성찰이 녹아드는 예술적 행위이다. 교사는 학생 한 명 한 명의 특성을 파악하고, 자신의 전문성을 바탕으로 교육과정을 재구성하며, 적합한 수업 방법을 적용하고, 평가를 통해 학생의 성장을 지원해야 한다.

하지만 여전히 교사에게 자율권이 부족하다. 국가 교육과정은 획일적이고, 검인정 교과서를 반드시 써야 한다. 2022 교육과정에 학교 자율 시간이 마련되었지만, 이 역시 학교 '타율' 시간으로 변질되었다는 비판도 높다. 이를 보완할 방안을 마련해도 부족할 판에, 도교육청은 초등학교 성취기준의 70% 이상을 반드시 평가에 반영해야 하고, 중등학교에서 중간고사와 기말고사를 실시해야 한다는 지침으로 교사의 자율권을 옥죄고 있다. 이는 교육부 지침에서 허용한 평가 자율권을 교육청이 제한하는 위법행위이기도 하다.

도교육청의 불필요한 지침과 규제는 바로 폐지해야 한다. 교사에게 날개를 달아 주지 못할망정 발목을 잡아서는 안 된다. 앞으로 강원도교육청은 불합리한 지침과 관행을 모두 정비할 것이다. 그래서 교사들이 자신의 소신과 철학, 전문성을 마음껏 발휘할 수 있는 여건을 마련할 것이다. 자율성을 바탕으로 전문성을 발휘하고, 전문성 신장을 통해 더 많은 자율성을 누리게 되는 선순환 구조를 만들 것이다.

자율성 확대만으로는 부족하다. 교사가 전문성을 키울 수 있는 여건을 마련해야 한다. 교사들은 늘 시간이 부족하다고 한다. 대규모 학교는 지도해야 할 학생이 많아서, 소규모 학교는 1인당 업무가 과중해서, 교사는 숨 쉴 틈 없이 바쁘다. 그렇기에 학급당 학생 수 감축, 교사 업무 감축이 여전히 필요하다.

앞으로 강원도교육청은 학급당 학생 수 기준을 유·초 15명 이하, 중·고 20명 이하로 할 것이다. 학생 수 감소 추이로 볼 때 충분히 가능한 목표이다. 교원 증원도 필요하다. 중앙정부와 협의해 교원 정원 결정권이 시도교육감에게 위임되도록 할 것이다. 농어촌 지역에서 교사 1명이 3곳 이상 순회하는 상황이 사라지도록 할 것이다.

교사의 전문성을 키우는 핵심은 전문적 학습공동체이다. 이는 교사들이 함께 모여 학생들의 문제를 고민하고, 자기 경험을 나누며, 더 좋은 교육을 위해 학습하는 모임이다. 교사 개인이 아닌, 교사 모두의 전문성을 함께 성장시키는 공간이다. 그렇기에 전문적 학습공동체 참여는 교사의 업무가 아닌, 전문가로서 교사의 권리이다.

도교육청은 진보 교육감 시절, 교사의 전문적 학습공동체를 위해 아낌없는 지원을 해 왔다. 수요일 오후를 '숨요일'로 지정하여, 학생들은 동아리 활동에, 교사들은 전문적 학습공동체에 참가하도록 했다. 하지만 어느 순간 전문적 학습공동체가 하나둘 사라지기 시작했다. 그 이유는 크게 세 가지가 있다.

첫째는 코로나 팬데믹이다. '물리적 거리두기'가 이루어지니 '심리적 거리'마저 멀어지게 되었다. 학생들의 교실 좌석 배치는 한 칸씩 띄엄띄엄 앉게 되었고, 그 좌석 배치를 지금까지도 유지하고 있는 학교가 적지 않다. 그러니 모둠 활동 같은 학생 참여형·협력형 수업도 과거에 비해 부쩍 줄어들었다. 교사도 마찬가지이다. 어느 순간 전문적 학습공동체는 물론 교사의 여러 모임과 대화 문화가 알게 모르게 사라지기 시작했다. 교사들이 서로 고립된 채 각자 자기 일만 신경 쓰는 문화가 시작됐다. 코로나 팬데믹이 끝난 지 제법 오래되었지만, 한번 바뀐 문화는 좀처럼 제자리로 돌아오지 못하고 있다.

둘째는 보수 교육감의 등장이다. 시대에 맞지 않은 보수 교육감의 퇴행적 교육관과 이에 따른 정책 때문에 교사들의 자율성과 전문성은 더욱 위축되었다. 획일적인 일제식 평가를 강조하는 분위기 속에서 교사들이 과정중심평가, 서·논술형 평가 등 고도의 전문성을 요구하는 교육 활동을 해야 할 이유가 사라지게 되었다. 그러니 굳이 전문적 학습공동체를 운영할 필요도 줄어들게 되었다. 도교육청은 이러한 분위기를 방관하거나 오히려 조장하기도 했다. 도교육청 문서에 전문적 학습공동체라는 용어 자체가 사라졌다.

셋째는 서이초 비극 이후 교사들의 심리적 위축이다. 생활교육을 열심히 하는 교사가 아동 학대로 신고당하고, 체험 활동에 적극적인 교사가 법적 위협에 처하기도 한다. 자녀 수행평가 점수가 못마땅한 학부모는 수시로 민원을 제기한다. 이러니 교사들이 소신껏 교육 활동을 진행하기 어렵다. 서이초 선생님의 비극이 남의 일처럼 여겨지지 않는다. 심리적으로 위축된 교사들은 적극적 교육 활동을 회피하는 방어 기제를 보이게 된다. 그러니 전문적 학습공동체도 참여할 마음이 들지 않게 된다.

하지만 전문적 학습공동체가 사라지니 오히려 교사를 방어할 보호막도 사라지게 되었다. 서로의 어려움을 나누고 이를 해결할 방안을 찾는 모임이 사라졌기 때문이다. 교사 개개인은 완벽하지 않다. 교사라면 누구나 수업이나 생활교육에 어려움을 겪게 마련이다. 학부모하고 관계도 쉽지 않다. 교사들이 서로 자기 경험을 나누고 조언을 주고받아야 집단지성이 발휘된다. 집단지성의 힘은 교사 모두를 보호한다. 학교가 공동체적 방안을 찾아야 학부모의 악성 민원도, 문제행동을 보이는 학생도 현명하게 대처할 수 있다. 수업과 평가의 어려움도 함께 해결할 수 있다.

진짜 강원교육은 교사의 전문적 학습공동체를 복원하는 정책을 최우선으로 추진할 것이다. 이에 따른 지원도 아낌없이 할 것이다. 학급당 학생 수 감축과 교원 업무를 줄이는 일도 동시에 추진할 것이다. 전문적 학습공동체에서 논의해야 할 것이 무엇인지도 분명히 제시할 것이다. 학교 교육과정 함께 만들기,

수업 나눔, 위기학생 지원 등이 우선 과제일 것이다. 이를 도울 수 있는 전문가 집단을 충분히 마련하고, 친절한 자료도 제공할 것이다. 교사들은 전문적 학습공동체를 통해 자기효능감을 느끼고, 더 좋은 교사로 성장하게 될 것이다.

전국 최고의 교원 연수, 교사 성장 시스템

보수 교육감의 등장과 함께 교원 연수의 질도 하락하였다. 예전에는 방학 중 연수원의 연수는 인원이 넘쳐서 듣고 싶어도 듣지 못하는 경우가 많았지만, 최근에는 연수생이 채워지지 않아서 추가 모집 공문이 수시로 오는 실정이다.

수준 높은 교원 연수는 교원 전문성을 높이는 지름길이다. 진짜 강원교육은 누구나 참여하고 싶은 교원 연수를 만들 것이다. 전국 최고의 전문가를 초빙해 각 분야의 연수 프로그램을 개발하고, 훌륭한 강사진을 확보할 것이다. '강원교육 전문가 과정'을 운영해 대학원 석박사 과정에서도 운영하기 어려운 양질의 프로그램을 경험하게 될 것이다. 예컨대 〈교육과정 전문가 과정〉을 통해 교육과정-수업-평가 전문가를 키우고, 〈교육지원 전문가 과정〉을 통해 교육전문직에게 요구되는 정책 수립, 교육 활동 지원, 각종 컨설팅 분야의 전문가를 양성한다. 또한 〈학교 운영 전문가 과정〉을 통해 조직 운영 리더십, 지역사회와의 소통, 문제 해결력 같은 학교 운영 역량을 향상시킬 것이다. 이처럼 교사의 적성에 맞는 전문가 과정을 이수한 후 수석교사, 교육전문직, 학교 관리자 등 각 분야에서 성장할 수 있는 심화 연구 과정을 별도로 운영할 것이다.

또한 〈교사 생애 맞춤형 성장 지원 시스템〉을 구축해 모든 교사가 참여하도록 할 것이다. 이는 기존의 신규교사 연수, 복직 후 연수, 관리자 연수 등과는 다르다. 새롭게 구축된 교육연수 플랫폼은 각 교원의 경력과 연수 이력을 고려하여 교사 개개인에게 필요한 맞춤형 연수를 추천한다. 여기에는 교육과정, 수업과 평가 방법, 학생 생활교육, 리더십, 문제 해결 능력, 정책 기획 능력, 교사 마음챙김 같은 다양한 분야를 아우른다. 일정한 단계에 이른 교사에게는 더욱 심화된 교육을 제공한다. 이를 통해 모든 교사가 최고의 전문가로 거듭나도록 도울 것이다.

교사가 전문가로 성장하는 가장 확실한 방법은 교사가 직접 교육과정 개발에 참여하는 것이다. 강원도교육청은 강원도 고유의 교육과정 틀framework을 개발할 것이다. IB 학교를 시범 운영한 경험을 바탕으로, 강원도 실정에 맞는 교육과정 틀을 개발하여 모든 학교에 보급했으면 한다. 이것을 GB(강원 바칼로레아)라고 해도 좋다. GB는 강원도 실정에 적합한 교육과정, 교사의 공동체적 숙의 과정을 통해 교육과정을 개발하는 틀이다.

이 교육과정 틀을 바탕으로 교사들은 교육과정에 대한 새로운 상상력을 발휘할 수 있다. 교사는 "우리 아이들을 어떤 인간으로 키울 것인가?", "그러기 위해 우리 아이들이 무엇을 어떻게 배워야 하는가?"와 같은 본질적인 질문을 접하게 된다. 그리고 이에 대한 답을 찾기 위해 교사들이 머리를 맞대며 숙의 과정을 거치게 된다. 그리고 학교 실정과 학생 특성에 맞는 학교 교육과정을 개발하게 된다. 이 교육과정은 설계도에서 끝나는 것이 아니라 수업을 통해 실현하고, 평가를 통해 확인할 것이다.

이를 위해서는 지역 단위, 학교 단위 워크숍 기반 연수가 필요하다. 인근 학교를 여러 개 묶어 서로의 교육과정을 배우고 서로의 수업을 나눌 수 있도록 한다. GB 교육과정 틀을 바탕으로 직접 교육과정을 개발하는 경험을 하며, 이를 다시 자기 학교에 적용한다. 각 학교는 학기 말, 학년 말 교육과정 평가회를 통해 얻은 시사점을 바탕으로 2월 '학교 교육과정 함께 만들기' 주간을 운영한다. 이때 GB 교육과정 틀이 큰 도움이 될 것이다. 학기 중에는 정기적으로 수업 나눔을 진행하고, 전문적 학습 공동체를 통해 서로가 서로에게 배운 점을 공유한다.

교사는 끊임없이 성장해야 하는 전문가이다. 강원도교육청은 미래 교육의 방향에 맞게 교사의 전문성을 키울 여건을 마련하고, 이에 적합한 지원을 구체적으로 해야 한다. 교사의 전문성은 곧 학생의 전인적 성장으로 이어진다. "교육의 질은 교사의 질을 넘을 수 없다"라는 말은 진부한 명제가 아니라 강원 교사의 생생한 경험으로 다가와야 한다.

09

학부모가 교육 혁신의 파트너가 될 수 있을까?

학부모 학교와 학부모회 활성화, 학교와 학부모를 한편으로

우연히 마주한 자리에서, 발령받은 지 1년쯤 되는 선생님을 만났다. "요즘 가장 힘든 일이 뭐예요?"라고 물었더니, 잠시 머뭇거리다가 이렇게 말했다. "업무는 시간을 들이면 되지만, 학부모 민원은 부담이 백배나 되네요." 예전에는 '학생이 힘들다'고 말하던 선생님이, 요즘은 '학부모가 힘들다'고 한다. 왜 그럴까?

여러 이유가 있겠지만 아이가 가족관계의 중심이 되었기 때문일 것이다. 한 아이가 입학을 하면, 교문을 들어서는 아이를 여섯 명의 어른이 기대와 걱정으로 바라본다. 할아버지, 할머니, 외할머니, 외할아버지, 아빠, 엄마까지. 눈에 넣어도 아프지 않을 금쪽같은 아이가 이렇게 작은 사회에 첫걸음을 내디딘다.

학교생활은 생각보다 녹록지 않다. 친구들과 어울리며 다투기도 하고, 처음 맞닥뜨리는 일들을 하나씩 헤쳐 나가야 한다. 하기 싫은 일도 해야 하고 자신 없는 일에도 용기를 내야 한다. 중학교에 올라가면 성적이, 고등학교에 올라가면 대입이 걱정된다. 그 상황을 지켜봐야 하는 부모들도 애가 타다. 아이 앞에서는 학교의 장점을 인정하고 교사를 믿는 모습을 보여야 하지만, 마음속에는 걱정과 불만이 터져 나온다.

그런 부모의 마음이 교사에게 고스란히 전달될 때가 많다. 선생님들 이야기를 듣다 보면, '그런 일까지?' 싶은 민원이 많다. 그러니 학부모는 '불가근불가원不可近不可遠'이라는, 너무 가까워도 안 되고 너무 멀어도 안 되는 존재가 되었다. 악성 민원 때문에 학부모를 아예 멀리하는 교사들도 점점 늘고 있다.

하지만 이대로 괜찮은 걸까? 학부모와 학교가 서로 담을 쌓은 채 살아도 되는 것일까? 아이들의 성장과 발달을 위해서 학부모가 교육의 동반자가 될 수는 없을까?

학부모는 어떤 존재일까?

우리는 흔히 교육의 3주체를 교사, 학생, 학부모라고 말한다. 하지만 학부모가 교육의 주체라는 말에 대해서는 서로 다른 생각을 하고 있다. 교사는 학부모가 학교 일에 지나치게 간섭하는 것을 불편하게 여긴다. 때로는 학부모를 '자기 자녀'만을 생각하는 이기적 존재로 생각한다.

반대로 학부모는 학교의 장벽이 너무 높다고 생각한다. 학부모는 교사가 불친절하다고 느낀다. 바쁜 생업의 시간을 쪼개 학교를 찾아가기도 어렵고, 학부모회나 학교운영위원회에 참여할 수 있는 여유도 없다. 그런 여유가 있는 학부모들만 학교 안에서 목소리를 낼 수 있다는 현실도 서로의 거리를 멀게 한다.

그래서 학교와 학부모 사이에는 여전히 불신의 장벽이 있다. 심지어 어떤 학부모는 교사들이 자기 자녀를 볼모로 삼고 있다고 생각하고, 교사는 학부모를 민원을 일삼는 불편한 존재라고 여길 수 있다. 여전히 학부모가 교육의 주체가 되기에는 넘어야 할 산이 많다.

학부모는 우리나라 교육의 역사에서 다양한 존재로 인식되었다. 때로는 '동원의 대상'이었고, 때로는 '교육 소비자'였으며, 때로는 '계몽의 대상'이 되기도 했다.

과거에 학부모는 주로 동원의 대상이었다. '육성회'가 대표적인 예다. 교실 대청소에 나서기도 했고, 학교 발전 기금을 할당받기도 했다. 울며 겨자 먹기처럼 자신의 시간을 쪼개고, 내지 않아도 될 돈을 내야 했다. 혹시나 자기 자녀가 학교에서 불이익을 당하지 않을까 하는 심정이었다. 학교가 '갑'이고 학부모는 '을'의 처지였다.

학교운영위원회가 법적 기구로 제정되면서 학부모가 학교

에 참여할 공식 통로가 열리긴 했다. 하지만 상황은 크게 달라지지 않았다. 운영위원으로 참여할 수 있는 학부모는 2~3인에 불과했고, 학부모 전체의 목소리를 담기에는 역부족이었다. 형식적인 거수기 역할을 하거나 자기 자녀만을 위해 움직이는 사적 역할에 그치기 일쑤였다.

그러던 중 신자유주의 교육정책이 본격화되면서, 학부모는 '교육 소비자'라는 새로운 이름을 얻게 되었다. 학교와 학부모의 관계가 미묘하게 바뀌기 시작한 순간이었다. 신자유주의는 교육을 '시장'으로 본다. 학교와 교사는 교육서비스를 공급하는 자이고, 학부모는 그 서비스를 소비하는 존재이다. 소비자의 요구에 따라 교육서비스를 제공해야 한다는 논리가 생긴 것이다. 자율형 사립고 같은 부유층 학부모가 선택할 수 있는 학교가 생기고, 교원능력개발평가를 통해 학부모가 교사를 평가할 수 있게 된 것도 그 연장선에 있다.

하지만 교육을 '상품'으로 보게 되면, 교육의 본질이 손상된다. 비교육적 행위가 학부모의 요구라는 명분으로 정당화되기도 한다. 이렇게 소비자 의식으로 치장된 이기적 민원이 많아지자, 일부에서는 학부모를 '계몽의 대상'으로 보게 되었다.

부모는 멀리 보라 하고, 학부모는 앞만 보라 합니다.
부모는 함께 가라 하고, 학부모는 앞서가라 합니다.

부모는 꿈을 꾸라 하고, 학부모는 꿈꿀 시간을 주지 않습
니다.
당신은 부모입니까? 학부모입니까?
부모의 모습으로 돌아가는 길, 참된 교육의 시작입니다.

예전에 많은 사람의 주목을 끌었던 공익광고 문구이다. 부
모와 학부모에 대한 이중적 시선이 선명하게 드러나 있다. 학부
모의 이기적 욕망을 강하게 질타하며, 부모 본연의 모습을 회
복하라고 촉구한다. 학부모를 계몽의 대상으로 보는 시선이 강
하게 느껴진다. 하지만 아무리 캠페인을 벌인다 해도, 문제가
해결되지는 않는다. 학부모 문제를 좀 더 큰 맥락에서 바라봐
야 한다. 학부모의 의식이 바뀌어야 한다는 말은 반은 맞고 반
은 틀리다. 인간의 의식은 사회구조를 반영한다. 의식을 바꾸려
면 사회구조도 함께 바꿔야 한다. 그리고 의식을 바꿀 만한 구
체적인 기회를 주어야 한다.

학부모는 동원의 대상도, 교육의 소비자도, 계몽의 대상도
아니다. 학부모는 참여의 주체여야 한다. 이를 위해서는 학부
모가 자신의 역할을 배울 기회를 제공하고, 학교에 공식적으로
참여할 수 있는 폭넓은 통로를 열어 주어야 한다.

"학부모는 처음이에요, 어디에서 뭘 배울 수 있나요?"

러시아의 교육학자 수호믈린스키의 책, 《선생님들에게 드리는 100가지 제안》에 나오는 글이다.

교육학은 교사나 학부모를 막론하고 모든 사람이 다 아는 과학이 돼야 한다. 그래서 우리는 '학부모 학교'를 세웠다. 학부모들은 자녀가 입학하기 두 해 전에 학부모 학교에 참가 지원을 하고, 거기서 자녀가 중학교를 졸업할 때까지 수업을 듣는다.

학부모 학교의 주요한 활동은 교장이나 교무 주임 또는 경험이 많은 교사가 강의하거나 대화하면서 심리학과 교육학의 이론 지식을 가정교육의 실제와 긴밀히 연관시키는 것이다.

우리는 모든 아버지와 어머니들이 학부모 학교에서 배운 이론 지식을 자녀의 정신생활에 연관시킬 수 있게 하려고 힘썼다. 학부모 학교에서 교사 일을 하는 우리는 고도의 지혜와 민감성을 갖추어야 한다. 어느 때든 우리는 아이의 마음을 '송두리째 드러내지 말아야' 하며 가정 관계에서 가장 자극적이고 쉽게 감정을 상하게 할 수 있는 방면의 문제는 토론하지 말아야 한다. 이런 문제들은 개별적으로 대화하는 과정에서 이야기해야 한다. 학부모 학교 없이는 원만한 가정과 학교 교육을 생각할 수 없다.

"학부모 학교 없이는 원만한 가정과 학교 교육을 생각할 수 없다"라는 말이 마음에 깊이 남는다. 지금 학교를 둘러싼 수많은 갈등은 어쩌면 학부모에 대한 체계적인 교육과 지원이 부족했기 때문일지도 모른다.

과연 지금 교육계는 학부모 교육의 중요성을 충분히 인식하고는 있을까? 개혁적인 교육정책이 힘을 잃고 표류하는 까닭이 학부모에게 이해를 구하지 않고 명분만 내세웠기 때문은 아닐까? 학부모들에게 자녀 교육법과 학교 교육과정을 이해할 시간과 기회를 줘야 한다. 이를 위해 학부모 연수원을 세워, 체계적으로 배우고 성장할 수 있도록 지원해야 한다. 그것이 교육의 주체로서 학부모를 바로 세우는 첫걸음이 될 것이다.

학부모가 된다는 것은 쉬운 일이 아니다. 학부모 역할은 누구에게나 처음이기 때문이다. 자녀를 초등학교에 입학시킬 때 설렘과 두려움이 교차하고, 자녀가 사춘기를 맞이하면 당황하기 마련이며, 자녀가 시험과 대입을 앞둔 순간에는 불안에 휩싸인다. 학부모 역할을 제대로 하려면, 큰 그림 속에서 자녀 교육법을 배우고 학교교육에 대해 충분히 알아야 한다. 체계적인 배움이 없으면 서툴 수밖에 없다.

진짜 강원교육은 〈학부모 학교〉를 세워 체계적인 학부모 교육을 진행할 것이다. 횡성에 있는 강원도교육연수원 분원이 학부모 학교 센터가 될 것이다. 이곳은 학부모 교육 프로그램을 개발하고, 각 분야의 강사를 전문적으로 양성하는 배움터가 될 것이다.

춘천, 원주, 강릉, 속초, 삼척에는 도교육청 직속 기관인 교육 문화관이 있다. 지역 주민에게 책을 빌려주고, 다양한 평생교육 프로그램을 운영하는 기관이다. 이곳을 학부모 거점 학교로 운영할 것이다. 학기, 분기 단위로 체계적인 학부모 교육 프로그램을 진행하고, 학부모 상담도 일상으로 이루어질 것이다. 학부모들이 자연스럽게 오가며, 지역 학부모 사랑방 역할을 하게 될 것이다.

학교장은 학부모 학교의 교장 역할을 맡게 될 것이다. 교육청에서 개발한 프로그램을 바탕으로, 학부모 학교가 수시로 열린다. 자연스럽게 학부모들 의견을 수렴하는 공간, 학부모와 학교장이 정기적으로 만나는 자리가 된다. 생업으로 바쁜 학부모를 위해, 저녁 시간에 학부모 학교를 운영하고, 낮에는 학부모들이 스스로 모여 공부하며 서로 배우는 모임이 이어진다.

학부모 학교에 참가하는 학부모에게는 정해진 '학부모 수당'을 지급한다. 이 수당은 '교육 바우처 포인트' 형태로 제공해서, 학부모가 자녀 교육과 성장에 필요한 다양한 경험을 하는 데 쓸 수 있다. 자녀가 읽을 만한 책을 사는 데 쓸 수도 있고, 자녀와 함께 박물관, 미술관, 음악회에 가는 입장료로도 쓸 수 있다. 적은 비용이지만, 아이와 함께하는 배움과 체험의 순간을 돕는 소중한 씨앗이 된다. 이와 함께 학부모 학교를 활성화하고, 학부모들이 지속적으로 배우고 참여할 수 있도록 다양한 지원도 아끼지 않을 것이다.

학부모가 함께 공부했으면 하는 것들

학부모 학교 프로그램은 다양하다. 무엇보다 학부모가 교육학의 기본을 알아야 자녀 교육에 도움이 된다. 교육철학, 교육심리, 교육과정, 교육방법, 교육행정, 상담심리 등 교사라면 누구나 익히 아는 교육학을, 학부모도 개론 정도는 함께 공부했으면 한다. 그래야 학교교육의 목적이 무엇인지, 학교는 어떻게 운영되는지, 학생은 무엇을 어떻게 배우며 성장하는지에 대해 아는 만큼 더 보이게 되고, 학교와 소통하는 것도 원활해진다.

또한, 학부모 학교에서 학교 교육과정에 대해 배워야 한다. 교육과정은 무엇을, 왜, 어떻게 가르치는가에 대한 체계적인 계획이다. 학부모가 이를 이해하면 자녀가 배우는 내용과 교육목표를 알고, 가정에서도 학교와 같은 방향으로 함께할 수 있다. 예컨대, 학교에서 생태·환경교육을 강조한다면, 가정에서도 분리배출이나 환경을 위한 실천을 함께하는 것이 배움의 효과를 높인다. 학교에서 과정중심평가를 강조한다면, 부모 역시 최종 점수뿐만 아니라 자녀가 얼마나 노력했는지 그 과정을 칭찬해야 한다. 고교학점제를 이해하면, 자녀가 스스로 과목을 선택하고 진로를 탐색할 때 현명하게 조언해 줄 수 있다. 초·중·고등학교 급별 교육과정을 제대로 알면, 불필요한 선행 사교육에 휩쓸리지 않고 중심을 잡을 수 있다. '교육과정을 아는 학부모'야말로 '자녀의 배움을 돕는 동반자'가 될 수 있다.

무엇보다 학부모가 배워야 할 것은 '자녀교육법'이다. 학부모는 자녀의 첫 번째 교사이자, 평생의 교육자이기 때문이다. 하지만 아무리 훌륭한 교육자라도 자기 자녀를 가르치는 것이 가장 어렵다고 했다. 자녀는 부모 뜻대로만 움직이지 않는다. 자녀교육법에 대한 전문적 이해가 없으면 좋은 의도조차 때로는 부정적인 결과를 낳을 수 있다.

자녀교육법의 첫 번째 영역은 아이의 정서와 심리를 이해하는 것이다. 교육심리학, 발달심리학을 알게 되면 아이의 성장 과정을 깊이 이해할 수 있다. 유아기, 아동기, 청소년기 등 생애주기별 특징을 알게 되면, 사춘기 자녀의 마음도 이해하며 불필요한 갈등을 줄일 수 있다. 상담학을 배우면 자녀와 원만한 대화를 할 수 있고, 자녀가 고민에 빠졌을 때 따뜻한 도움을 줄 수 있다. 최근 주목받는 감정코칭법은 아이의 감정을 알아차리고, 이에 공감하며 스스로 감정을 조절하고 표현하도록 도와주는 방법이다. 아이의 회복탄력성을 돕는 것도 부모의 중요한 역할이다. 아이가 실수하거나 실패할 때 다그치기보다는 그 경험을 성장의 발판으로 삼을 수 있도록 돌봐야 한다.

자녀교육법의 두 번째 영역은 학습지도와 진로지원이다. 자녀가 스스로 주도적인 학습 습관을 기르려면, 가정에서 부모의 역할이 필요하다. 자녀의 학습 유형을 알고 그에 맞는 환경을 만들어 주어야 한다. 적절한 보상과 피드백으로 집중력을 키우고 긍정적인 동기를 자극하는 일도 필요하다. 또한, 자녀가 자신의 적성을 발견하고 꿈을 키울 수 있도록 도와야 한다. 부모가 자녀와 함께 진로를 탐색하고 적성을 개발하는 경험을 해야 한다. 그 속에서 자녀는 스스로 길을 찾는 힘을 기르게 된다.

사실, 가장 좋은 자녀교육법은 어찌 보면 단순하다. 부모 스스로 좋은 삶의 본보기를 자녀에게 보여 주는 것이다. 공부하라고 다그치기 전에 부모가 먼저 스마트폰을 내려놓고 책을 읽는 모습을 보여 주어야 한다. 부모가 자발적으로 소외된 이웃을 찾아 봉사하는 모습을 보여 줄 때, 자녀도 바른 인성과 따듯한 마음을 배운다.

자녀교육은 학교교육과 함께 가야 한다. 앞으로 강원교육은 '스마트폰 프리 운동'을 대대적으로 펼칠 예정이다. 학교에서 스마트폰을 내려놓고 친구와 대화하며, 책을 읽고 자기 생각을 글로 표현하는 시간을 더 많이 가질 것이다. 가정에서도 스마트폰 내려놓기 운동을 함께해 달라고 학부모들에게 호소할 것이다. 부모가 먼저 스마트폰을 내려놓고 자녀와 눈을 마주 보며 대화할 때, 아이가 학교에서 읽은 책을 부모도 함께 읽고 그 내용을 이야기할 때, 학부모가 자연스럽게 교육의 동반자가 될 수 있다. 이처럼 학교와 학부모가 함께 실천할 만한 교육은 무궁무진하다.

학교 운영에 학부모도 참여할 수 있을까?

학부모도 마땅히 학교 운영에 참여해야 한다. 학부모가 학교 운영에 참여하는 통로는 학교운영위원회와 학부모회이다. 이 중 학교운영위원회는 법적 기구이고, 학부모회는 임의 기구이다.

학교운영위원회의 법적 근거는 「초·중등교육법」 제4장 제2절에 따르면, 학교운영위원회는 학교 운영의 중요한 사항을 심의하는 기구이며 학부모 대표가 참여할 수 있도록 법으로 명시하였다.

그런데 학교운영위원회만으로 학부모의 참여가 충분히 보장되는 것은 아니다. 학부모 대표가 진정한 대표 역할을 하려면, 여러 학부모의 의견을 충분히 모을 기회가 있어야 한다. 그렇지 않다면, 학부모 대표의 의견은 그저 한 사람의 개인 의견이 될 수밖에 없다.

그래서 학부모회를 활성해야 한다. 하지만 학부모회는 공식 조직이 아니라 자발적 임의 조직이다. 반드시 운영해야 하는 의

무가 있는 조직은 아니며, 학부모들의 자발적인 참여가 있어야만 존재할 수 있다. 그렇기에 학부모회는 본질적으로 자치 모임이다. 자치 모임이기 때문에 취약해지기 쉽다. 학부모회가 잘 운영되는 학교도 있고 그렇지 않은 학교도 있다.

학부모회를 잘 운영하려면 무엇이 필요할까? 법적으로는 임의 조직이지만 학교가 이를 활성화하려는 의지가 있어야 한다. 그리고 자율적으로 모임을 꾸려 나가는 학부모들의 역량도 필요하다. 학부모의 참여를 높이고, 그 기반이 되는 자치성도 함께 키워야 한다.

학부모회의 공적 지위를 보장하기 위해 여러 시도에서 학부모회 조례를 제정하였다. 2019년에 제정된 '강원도교육청 학교 학부모회 설치·운영 조례'에서는 학부모회의 기능을 '학부모 자원봉사 등 학교교육 활동 참여·지원, 자녀교육 역량 강화를 위한 학부모 교육, 지역사회와 연계한 비영리 교육 활동'으로 규정하였다. 학부모회가 아이들을 위해 무엇을 할 수 있는지를 큰 틀에서 정리한 셈이다. 하지만 시도 조례로는 학부모회의 법적 근거를 충분히 확보하기에 부족하다. 법률 차원의 보장이 필요하기에 '학부모회 법제화'를 요구하는 목소리가 나온다. 그래야 모든 학교에서 학부모회를 공적 기구로 인정하고, 학부모회가 법이 인정하는 학교교육의 주체로 자리매김할 수 있다.

법적 지위뿐만 아니라, 학교 안에서 학부모회에 대한 인식

변화와 문화 조성이 필요하다. 교사는 학부모회를 교육의 동반자로 바라봐야 하고, 학부모는 스스로 학부모회를 성숙한 공적 모임으로 만들어 가야 한다.

이를 위해서는 학부모회의 자치 역량이 성장해야 한다. 학부모회의 자치 역량을 키우려면 학부모 교육이 필수적이다. 앞에서 언급했듯이 앞으로 도교육청은 학부모 학교를 도 단위, 지역 단위, 학교 단위로 활성화할 것이다.

학부모 자치를 활성하려면 학부모회와 학교가 정례 모임을 갖는 것이 필요하다. 매달 학교장과 정기 협의회를 열 수도 있고, 매 학기 교사들과 함께 학교 교육과정을 점검하는 평가회를 진행할 수도 있다. 그래야 학부모가 학교의 교육 방침과 운영 구조를 이해할 수 있다. 일방적 통보가 아니라 상호 협력적 소통 구조를 만들 수 있다. 이 과정에서 악성 민원은 자연스럽게 줄게 된다. 학부모 참여가 학교의 부담이 아니라 동반자 관계를 형성하는 길이 된다.

학부모회 운영 경험이 쌓이면 웬만한 갈등은 학부모회 안에서 해결할 수 있다. 학부모의 민원 중 상당수는 오해에서 비롯된다. 아이의 말만 일방적으로 믿거나, 학교교육의 방향과 방법을 제대로 이해하지 못해 생기는 것이다. 자치 역량이 성숙한 학부모회에서는 학부모의 개별적 민원을 스스로 조정하고 해결할 수 있다. 비슷한 사례를 경험한 선배 학부모들이 중재자로 나서 문제를 원만하게 풀어 주기도 한다. 학부모들의 공통 민원을 모아 학부모회에서 토론하고 해결 방안을 모색하여 학교장에게 공식으로 건의할 수도 있다. 학부모의 의견이 학부모회를 통해 걸러진 이후 학교에 공적으로 전달되면, 학교는 학부모 의견을 더욱 존중하게 된다.

학교교육 참여, 더 나아가 지역사회 연결까지

학부모 자치 역량이 한층 더 쌓이면, 학부모가 학교교육에 참여할 수 있는 기회가 늘어난다. 학교교육의 주체는 당연히 교사이지만, 학부모 역시 교사를 존중하는 범위 안에서 자신의 역할을 스스로 찾아갈 수 있다. 작게는 체육대회, 축제, 발표회 같은 여러 학교행사에 조력자 역할을 할 수 있고, 체험학습을 인솔하는 데도 도움을 줄 수 있다. 어떤 학교에서는 협동조합 방식으로 꾸리는 매점 운영에 학부모가 주된 역할을 하기도 하고, 교장이나 교사가 바뀌어도 학교 문화를 지키는 역할을 하기도 한다.

학생을 위해서 학부모가 할 일도 많다. 어느 혁신학교 학부모회가 스스로 찾아낸 활동 중 하나는 '이모 되어 주기 프로젝트'이다. 한부모 가정, 조손 가정, 맞벌이 부모 가정의 아이들이 저녁밥도 제대로 챙겨 먹지 못할 때가 많다. 그때 이웃집 학부모가 자연스럽게 '이모'가 되어 자녀 친구들과 밥도 먹고, 반찬도 챙겨 주고, 영화를 보러 가는 작은 일상을 함께한다. 이것이 혹여 낙인 효과를 낳지 않도록 최대한 자연스럽게 친구의 엄마이자 이모 노릇을 해 준다.

학부모 교육 프로그램으로 갈등 해결법, 비폭력 대화법, 회복적 생활교육법을 진행할 수도 있다. 이 교육을 마친 학부모 중 일부는 회복적 생활교육 전문가로 성장하게 된다. 이들이 모여 '회복적 대화 모임 학부모 지원단'을 구성할 수 있다. 아이들이 힘들어할 때 학부모들이 상담사 역할을 맡아 엄마 마음으로 아이들 이야기를 경청하고 따뜻하게 품어 줄 수 있다. 학교에서 아이들 사이에 갈등이 생기면, 학부모가 자기 자녀만 일방적으로 옹호하면서 상황을 키우는 경우가 허다하다. 이와는 반대로 학부모가 갈등의 중재자로 나설 수도 있다. 평소에 알고 지내던 학부모들이 조심스럽게 중재에 나선다면, 갈등은 훨씬 쉽게 풀리고, 모든 아이가 내 자녀라는 인식도 자연스럽게 생겨난다. 나아가 회복적 대화 모임 학부모 지원단이 부모와 자녀를 한자리에 초청해 서로의 목소리를 경청하고 오해를 풀며 갈등을 해결하도록 도울 수 있다. 이렇게 되면 사소한 갈등이 학교폭력 사안으로 확대되어 법적 분쟁까지 이어지는 상황도 줄어들 수 있다.

나아가 학부모가 학교와 지역사회를 연결하는 역할을 할 수도 있다. "한 아이를 키우기 위해서는 온 마을이 필요하다"는 말이 있다. 아이들은 동네에서 자라 학교에 다니며 마을에서 생활한다. 교육은 학교에서 끝나는 것이 아니라 가정과 지역사회로 이어져야 자연스럽다. 그래서 마을교육공동체라는 운동을 진행해 왔다.

마을교육공동체는 지역사회 전문가 그룹이 운영하는 경우가 많다. 하지만 학부모회 활동이 적극적인 곳에서는 학부모들이 마을학교 교사로 성장할 수 있다. 이곳에서 학부모들은 자신이 가진 소소한 재능을 아이들을 위해 아낌없이 나눈다. 목공, 자수, 텃밭 가꾸기, 요리, 사람책 이야기, 마을 생태 탐방 등 지역사회와 연계한 다양한 활동을 펼칠 수 있다. 더 나아가 마을학교 교사로 전환하여 학부모들이 방과후 학교 강사로 참여할 수도 있다. 그렇게 되면 방과후 학교는 학부모를 중심으로 한 지역사회가 담당하고, 학교 교사들은 온전히 정규 교육과정에 전념하는 구조가 만들어진다.

학부모 참여는 단순한 활동이 아니다. 학부모들이 '사적 이해관계'를 넘어 '성숙한 교육 시민'으로 발전하는 기회가 된다. 학부모도 학생과 함께 성장한다. 모든 아이가 곧 내 자녀가 된다. 학부모가 교육의 동반자로 자리할 때, 모두를 위한 교육, 모두가 참여하는 교육이 현실이 된다.

10

강원교육이 사회적 불평등을 막아 낼 수 있을까?

진짜 강원교육은 출발선 평등과 과정의 평등을 거쳐
사회의 변화를 꿈꾼다

"있는 집 아이들이 공부도 잘한다"

어느새 이 말이 당연하게 받아들여지고 있다. 경제적으로 넉넉해야 부모가 아이 곁에 머물 여유가 있다. 숙제를 봐주는 부모의 시간, 과외를 시켜 줄 소득, 사소한 걱정에 마음 뺏기지 않아도 되는 안정감. 그 모든 것이 아이의 성적을 조금씩 밀어 올린다. 좋은 성적은 다시 좋은 대학으로, 좋은 직장으로 이어진다. 반대로, 하루하루를 버티며 살아가는 가정의 아이는 출발선부터 뒤처지기 쉽다. 그렇게 삶의 경로는 점점 달라진다.

이 불편한 진실은 한 문장으로 정리된다. "경제 불평등이 교육 불평등을 낳고, 교육 불평등이 다시 사회 불평등을 재생산한다."

수많은 통계가 이 말을 증명한다. 학생의 학업성취도는 부모의 경제적 지위를 고스란히 비춘다. OECD의 국제학업성취도 평가가 그 대표적인 지표다. 최근 결과를 보면, 경제적 수준 하위 10% 학생의 수학 점수는 471점, 상위 10%는 559점이다. 숫자는 냉정하다. 그 안에는 아이들의 노력만으로는 넘기 어려운 현실이 숨어 있다.

그래서 우리는 묻게 된다. 학교교육이 바뀌면, 불평등도 줄어들 수 있을까? 교육 당국은 교육 불평등을 줄이는 데에 무엇을 할 수 있을까?

"교육 불평등은 당연한 거 아닌가요?"

교육의 불평등을 그저 자연스러운 일로 여기는 사람들도 있다. 사람마다 능력이 다르고, 노력의 정도도 다르니, 노력한 만큼 보상받고 능력에 따라 지위가 달라지는 것은 당연하다는 것이다.

하지만 이 말에는 중요한 전제가 빠져 있다. 사람은 같은 출발선에서 달리기 시작하지 않는다. 누군가는 여유로운 집에서 태어나 부모의 관심과 충분한 지원을 받으며 자라고, 누군가는 가난한 가정에서 태어나 상대적으로 불리한 삶을 책임져야 한다.

태어난 지역, 부모의 직업, 가정 형편, 타고난 지능… 이 모든 것은 선택의 결과가 아니라 '타고난 것'이다. 이 타고난 것이 한 사람의 운명을 미리 결정짓는다면, 그것은 정말 평등한 것일까? 그런 세상을 우리는 다른 말로 '신분 사회'라고 한다.

홍길동을 예로 들면, 그는 탁월한 재능과 의지가 있었지만 서자라는 이유로 벽에 부딪혀야 했다. 오늘의 대한민국에는 그와 비슷한 사람이 없을까?

우리는 더 이상 중세의 신분 질서 속에 살고 있지 않다. 현대 민주주의는 겉으로는 동등한 기회를 약속하는 듯하다. 하지만 사회 계층의 벽은 여전히 존재한다. 그리고 이를 능력주의라는 이름으로 정당화한다. 능력주의 사회는 말한다. "타고난 배경이 아니라 개인의 노력으로 자신의 미래를 개척할 수 있다." 하지만 그 말 뒤에는 차가운 속삭임이 숨어 있다. "성공하지 못했다면, 그것은 네 탓이다." 이것이 능력주의의 기만적 얼굴이다.

여러 학자가 능력주의의 그림자를 오래전부터 경고해 왔다. 존 롤스와 마이클 샌델 같은 학자가 대표적이다. 그들은 말한다. 부유한 가정에서 태어나 풍족한 환경에서 자라는 것은 능력의 결과가 아니라 단지 '운'일 뿐이고, 뛰어난 지능으로 태어나는 것은 '행운'이며, 태어날 때부터 장애를 지닌 것은 '불운'이다. 가난이나 장애를 스스로 선택하는 사람은 세상에 없다.

물론, 운만으로 모든 것이 결정되지는 않는다. 사람에게는 노력도 필요하다. 하지만 현실은 냉정하다. 개인의 노력만으로는 도저히 넘을 수 없는 벽이 존재한다. 아무리 애써도 벗어나기 어려운 가난이 있고, 아무리 발버둥 쳐도 극복하기 힘든 제약이 있다.

때로는 노력 끝에 원하는 것을 얻는 이도 있지만, 그조차도 혼자의 힘만으로 이룬 것은 아니다. 한 사람의 노력은 언제나 누군가의 도움 위에 서 있다. 가정이, 사회가, 보이지 않는 수많은 손길이 그 길을 받쳐 준다. 공부를 열심히 하는 학생이 있다면, 그는 이미 앞선 이들이 쌓아 올린 지식의 토대 위에서 배우는 것이다. 그리고 그가 다른 걱정 없이 공부에 몰두할 수 있는 배경에는, 누군가의 노동과 희생이 있다.

수많은 통계가 말해 준다. 한 사람의 성공에는 선천적 능력과 가정 배경이 더 큰 영향을 미친다고. 그래서 예부터 사람들은 "운이 일곱, 재주가 셋", 즉 운칠기삼運七技三이라는 말을 썼다.

마이클 샌델은 그의 유명한 저서 《정의란 무엇인가》에서 이렇게 말했다. "하버드대학에 합격한 학생은 특별히 대단한 사람이 아니다. 그는 단지, 하버드가 원하는 특성을 우연히 열아홉 살에 갖춘 학생일 뿐이다. 만약 하버드대학이 다른 능력을 원했다면, 그리고 다른 나이에 원했다면 그는 하버드대학에 입학할 수가 없다."

이 문장은 우리 사회의 신화를 무너뜨린다. 명문대 합격은 절대적인 능력의 증거가 아니라, 우연한 순간에 우연히 맞아떨어진 '행운'의 결과일지도 모른다. 그렇다면 그는 그 행운을 내세워 스스로를 더 우월한 존재로 여길 이유가 없다. 또한 그가 학벌을 통해 얻은 권력이나 이익을 자신에게 유리한 방향으로만 사용하는 것도 정당하지 않다.

좋은 운을 타고난 사람이 그 혜택을 독점하는 세상은 정의롭지 않다. 진정한 정의는 가장 불우한 이에게도 그 혜택이 닿을 때 비로소 완성된다. 능력을 지닌 사람이 그에 맞는 보상을 받는 게 당연하다고 말하는 능력주의의 논리를 바로잡는 힘은 바로 이곳에서 비롯된다. 능력은 결코 개인의 노력만으로 만들어지지 않는다. 그것은 사회와 공동체가 함께 길러 준 열매이다. 그러므로 우리는 능력이 없어 보이는 사람이라도 그가 인간답게 살아갈 수 있는 조건만큼은 보장해야 한다. 이것이 공정한 사회의 첫걸음이다.

존 롤스는 그의 저서 《정의론》에서 말한다. 가장 적은 혜택을 갖고 태어난 사람에게 가장 큰 혜택이 돌아가는 사회, 그 사회가 바로 정의로운 사회라고. 이 말은 곧 "가장 어려운 곳에 더 많은 지원을 해야 한다"는 뜻이다. 가난하거나 소외된 이들에게 사회가 여러 혜택을 주는 것은 그들을 동정해서가 아니다. 그것이 불공정을 조금 더 완화하는 일이고, 기울어진 운동장을 조금이라도 더 평평하게 만들어, 모두가 엇비슷한 출발선에

설 수 있도록 하는 일이다.

물론 어떤 이는 말한다. "그건 역차별 아니냐?"라고. 하지만 그것은 역차별이 아니라, 공정으로 가기 위한 '정의로운 차등'이다. 이를 우리는 '소수자 우대 정책Affirmative Action'이라 말한다. 지역 할당제, 인종 할당제, 장애인 특별전형은 모두 사회의 불균형을 바로잡기 위한 장치다. 우리나라 대학 입시에서 시행하는 '지역균형선발'도 이 같은 철학을 바탕에 두고 있다.

이 원리는 교육에도 자연스레 스며들어야 한다. 아이들은 같은 해에 태어나지만, 같은 환경에서 자라지 않는다. 누군가는 책상 위에서 꿈을 펼치고, 누군가는 생계를 위해 그 꿈을 미뤄야 한다. 그렇기에 더 어려운 곳, 더 많은 장벽 앞에 선 아이들에게 더 많은 손길이 닿아야 한다. 교육의 출발선과 교육의 과정에서 그리고 그 결과에 이르기까지 정의로운 공평은 멈추지 않고 계속되어야 한다. 그것이 비로소 모든 아이에게 진짜 공정한 세상을 열어 주는 길이니까.

학교가 불평등을 줄일 수 있을까?

학교가 과연 불평등을 막을 방파제가 될 수 있을까? 이 질문은 교육사회학의 오래된 주제이자 여전히 끝나지 않은 물음이다. 그 물음의 출발점에 선 것이 제임스 콜먼의 연구 보고서였다.

1966년, 미국의 교육사회학자 콜먼은 '교육의 기회균등'을 주제로 한 대규모 연구를 이끌었다. 그는 미국 공교육 효과와 교육 불평등의 원인을 전국 단위로 조사하며 사회의 단면을 낱낱이 드러냈다.

미국은 세계에서 불평등이 가장 뚜렷한 나라 중 하나다. 계급의 벽은 높고, 거주지와 인종에 따른 차별은 여전히 깊다. 복지 제도도 유럽에 비해 훨씬 취약하다. 하지만 그런 나라에서도 사람들은 일찍부터 '교육'에 희망을 걸었다. 공교육 시스템을 세우고, 모든 국민에게 배움의 문을 열어 주려 했다.

미국의 교육개혁가 호레이스 만은 학교를 '위대한 평등의 장치'라고 했다. 학교는 누구에게나 열려 있고, 배움은 신분이나 재산의 차이를 넘어설 수 있다고 믿었기 때문이다. 그 믿음 아래, 미국은 교육 불평등을 완화하려는 여러 시도를 해 왔다. 흑인과 백인을 분리하던 학교는 통합학교로 바뀌었고, 가난한 가정의 아이들에게 출발선의 기회를 주기 위해 '헤드 스타트Head Start'라는 유아 지원 정책도 시행했다. 그리고 이 모든 노력이 실제로 어떤 변화를 만들었는지를 정확히 밝히기 위해 콜먼이 나섰다. 그의 이름을 딴 '콜먼 보고서'는 학교가 과연 사회의 불평등을 바로잡을 수 있는지에 대한 종합적인 연구 보고서였다.

하지만 연구 결과는 기대와는 전혀 달랐다. 그 결론은 냉정했다. "학교는 불평등을 해소하기 어렵다"라는 콜먼 보고서가 드러낸 진실은 불편했다. 학생의 학업성취도를 가장 크게 좌우하는 요인은 학교나 교사, 교과 과정이 아니라 부모의 사회·경제적 배경이었다. 학교의 노력에도 불구하고, 아이가 자라는 가정환경은 교육의 결과를 이미 정해 놓은 듯했다. 학교가 줄 수 있는 영향력은 크지 않았다.

하지만 콜먼은 2차 연구를 통해 새로운 가능성을 발견했다. 일부 학교에서는 부모의 사회·경제적 배경이 아이의 성취에 미치는 영향을 눈에 띄게 줄이는 현상이 나타난 것이다. 그 학교들은 몇 가지 공통된 특징을 가지고 있었다. 첫째, 기숙형 학교가 많았다. 학교가 가정의 환경과 단절되어, 아이들이 오롯이 '학교'라는 공동체 안에서 생활했다. 둘째, 가톨릭 학교가 많았다. 신부와 수녀들이 아이들과 함께 지내며 그들을 온전히 돌보는 역할을 했다. 학교가 아이들에게 두 번째 가정이 된 셈이다.

콜먼 연구의 핵심은 비록 아이들의 가정 배경은 다를지라도, 학교 안에서 형성된 사회·문화적 자본이 경제적 자본에 따른 차이를 완화할 수 있다는 것이다. 사회·문화적 자본이란 '사람과 사람의 연결망(사회적 자본)'과 '배움과 교양의 수준(문화적 자본)'을 뜻한다. 학교는 아이가 가정에서 누리지 못하는 여러 가지 사회·문화적 자본을 쌓아 줄 수 있다. 교사의 보살핌, 폭넓은 교우 관계, 다양한 체험 활동, 독서와 문화예술 활동 등이 아이의 경제적 결핍을 채워 주는 데에 많은 역할을 한다. 결국,

학교가 불평등을 완전히 없앨 수는 없지만 좋은 학교는 불평등의 상처를 아물게 한다. 그곳에서는 돈이 아니라 사람과 배움이 아이의 미래를 이끈다.

이 연구가 우리에게 전하는 뜻은 분명하다. 학생의 성취는 개인의 노력만이 문제가 아니다. 그 뒤에는 부모의 경제적 자본 그리고 가정과 사회에서 길러지는 사회·문화적 자본이 얽혀 있다. 아이의 배움은 보이지 않는 여러 층위의 힘에 흔들리고, 또 지탱된다. 그렇다면 학교는 아무 일도 할 수 없는가? 그렇지 않다. 학교가 불평등을 완전히 없앨 수는 없어도, 그 무게를 덜어 낼 수는 있다. 교육의 문호를 활짝 개방하고, 교실 안의 배움과 학교의 문화까지 모든 차원에서 새롭게 접근해야 한다는 뜻이다.

콜먼이 보여 준 통계에는 '한 아이를 온전히 품는 학교'에 대한 메시지가 담겨 있다. 그렇다면 강원교육이 이 연구에서 배워야 할 것은 분명하다. 아이의 삶을 보는 교육, 학교 안에서 쌓이는 관계와 경험을 중시하는 교육. 그리하여 아이들이 태어난 곳에 관계없이 같은 희망의 언어로 꿈을 말할 수 있는 교육이다. 학교는 불평등을 완전히 치유하지 못하더라도, 그 불평등 속에서 아이들이 무너지지 않게 붙잡아 줄 수 있다. 그 믿음에서 진짜 강원교육이 시작된다.

강원교육은 교육 불평등 해소를 위해 어떤 노력을 했나?

강원교육은 진보 교육감 시절에 모두를 위한 교육을 꿈꾸었다. 그 꿈은 고교평준화와 무상교육이라는 이름으로 구체화되었다. 넓고 험한 산줄기 사이, 강원도의 교육은 언제나 수도권에 비해 불리한 자리에 서 있었다. 도시와 농어촌의 간극은 깊었고, 그 안에서도 학교 간의 차이는 더욱 컸다. 비평준화 정책 아래에서 학교는 서열이 있었고, 가난한 집 아이들에게는 학비조차 버거운 짐이었다.

그런 현실 속에서 강원도의 고교평준화는 단순한 제도가 아니었다. 그것은 아이들이 자신이 다니는 학교를 부끄러워하지 않게 한 시작이었다. 아이들은 부끄럽게 여기는 곳에서 절대로 무언가를 배울 수 없다. 자기 학교를 사랑할 때, 비로소 배움에 전념할 수 있다. 모든 학교가 균등하게 성장할 때, 강원교육의 힘도 그만큼 단단해진다. 성적보다 사람으로서의 가치를 중요하게 여기는 교육, 함께 배우고 더불어 사는 경험을 쌓은 아이들. 그들이 자라 만들어 갈 세상은 조금 더 평등하고, 조금 더 따뜻할 것이라는 믿음이 있었다.

무상교육 역시 단순한 정책이 아니다. 그것은 모든 아이에게 균등한 출발선을 제공하는 토대이다. 모든 가정의 아이가 돈 걱정 없이 학교에 다닐 수 있을 때, 아이들은 배움의 열매를 단순히 자기 것으로만 여기지 않는다. 그 열매를 사회와 함께 나누고, 더 나은 공동체를 꿈꾸게 된다. 무상교육에는 적지 않은 재정이 필요하다. 하지만 그것은 국가가 져야 할 당연한 책임이기도 하다. 강원교육은 무상급식에서 시작해 점차 무상교육의 범위를 넓혔고, 중앙정부의 지원을 이끌어 내며 실질적인 기반을 마련했다.

하지만 고교평준화와 무상교육은 최소한의 출발선에 불과하다. 교육 불평등을 진정으로 극복하려면, 교육의 기회에서 과정 그리고 결과까지 촘촘하고 세심한 접근이 필요하다. 유아기, 아동기, 청소년기, 청년기, 성인기까지 생애 주기별로 맞춤형 지원을 해야 한다. 이렇게 할 때, 비로소 모든 사람의 교육권이 보장된다. 배움이 단순한 개인의 성취를 넘어, 민주적이고 평등한 사회로 이어지는 경로가 된다. 무상교육과 고교평준화는 그 길을 여는 첫걸음이었다.

출발선 평등은 어떻게 보장할 수 있을까?

사람마다 출발점은 다르다. 그 다름을 그대로 두면 불평등은 점점 더 커진다. 출발선 평등이란, 모든 사람이 공평한 자리에서 시작하도록 교육의 기회를 고르게 제공하는 것을 뜻한다. 그 시작점이 되는 것이 바로 무상교육이다. 돈이 없어서 학교에 다니지 못하는 아이가 있어서는 안 된다.

무상교육과 고교평준화 덕분에, 적어도 초중고 공교육에서
는 형식적 기회균등이 어느 정도 실현되었다고 볼 수 있다. 하
지만 여전히 사각지대는 존재한다. 지역별 교육 인프라의 차이,
가정의 문화적 여건의 차이가 있다. 영유아교육과 특수교육 분
야에서는 여전히 격차가 크다. 또한 사교육은 경제적·지역적 배
경에 따라 극명하게 갈린다. 하지만 최소한 공교육 속에서는
평등의 사각지대가 있어서는 안 된다. 형식적 평등이 아니라,
취약 계층 학생을 적극 지원하는 것이야말로 진정한 평등의 가
치다.

교육의 출발점은 영유아교육이다. 아이가 이 시기에 어떤 환
경에서 어떤 배움을 경험하느냐에 따라 어휘력, 독해력, 사고
력, 표현력, 문화적 감수성 같은 기초 역량이 크게 달라진다. 확
산 효과가 발생해서 앞으로의 학업성취에도 큰 영향을 미친다.
특히 영유아기에는 가정의 영향력이 절대적이다. 그 격차를 공
교육이 최대한 보완할 때, 아이들은 출발선에서부터 공평한 기
회를 갖게 된다.

따라서 영유아 조기 진단과 즉각적 지원 시스템을 마련하는
것이 매우 필요하다. 발달이 늦거나, 정서 행동에 어려움이 있
는 영유아를 방치하면 그 문제는 눈덩이처럼 커진다. 초등학교
이후에는 이미 돌이킬 수 없는 상태가 될 수도 있다. 문제를 발
견하는 즉시, 지역의 전문팀이 달려가 언어치료와 심리적 지원,

발달 지원을 제공해야 한다. 특히 읍면 단위에 많은 비율을 차지하는 다문화가정의 아이들에게는 언어 발달이 무척 중요하다. 유치원 정규 교육과정만이 아니라, 가정을 방문해서 그림책 읽어 주는 활동을 적극적으로 실행하는 것만으로도 아이들에게 큰 도움이 되리라 생각한다.

한편, 0~2세의 아이들은 엄마 품에서 세상을 처음 만나고, 가정과 보육 기관이라는 따스한 울타리 안에서 세상을 배운다. 그다음 3~5세에는 유치원이라는 새로운 공간에서 또 다른 발견과 성장을 경험한다. 하지만 같은 나이의 아이들이 맞이하는 환경은 너무나 다르다. 어린이집마다, 유치원마다 제각기 다른 모습과 여건이 존재한다. 공립과 사립의 차이는 때로 아이들의 하루를 다르게 만든다.

그래서 '유보통합'을 오랜 과제로 제기해 왔다. 하지만 쉽지는 않다. 이해관계가 얽히고, 제도는 복잡하다. 그렇지만 우리는 알고 있다. 영유아 시절만큼은 보육과 교육이 하나로 이어져야 한다는 것을. 그 작은 발걸음 하나하나가 모여, 모든 아이가 같은 출발선에서 세상을 맞이할 수 있는 날을 꿈꿀 수 있어야 한다는 것을. 그래야 출발선 평등을 보장할 수 있다.

강원도에서는 앞으로 지역 단위에서 보육과 교육이 하나로 이어질 것이다. 유아교육은 초등교육과 자연스럽게 연결되고, 학교와 지역공동체는 아이들을 함께 키우는 울타리가 될 것이다. 특히 인구 소멸 위험 지역부터 집중적으로 지원하여 점차 모든 지역으로 퍼져 나갈 것이다. 읍면 권역마다 '강원도형 유보통합, 초중 연계, 지역 연계 교육 모델'이 자리 잡으며, 아이들이 자라는 길 위에는 마을과 학교 그리고 지역사회의 따뜻한 손길이 함께할 것이다.

학교가 아이들에게 평등한 공간이 되려면?

출발선 평등만으로는 부족하다. 이제는 구체적인 학습 과정에서도 학생들이 자신의 특성에 맞게 적절한 지원을 받을 수 있게 해 '과정에서의 평등'을 누리도록 해야 한다. 우리는 이를 〈보편적 학습복지〉라고 말할 수 있다. 모든 학생이 공정하게 교육의 기회에 접근하는 것이 '보편적 교육복지'라면, '보편적 학습복지'는 한 걸음 더 나아간다. 아이들이 교실에서 자기 잠재력을 온전히 펼치고, 작은 성취 하나하나에서 의미 있는 성장을 느낄 수 있도록 최적의 여건을 마련하는 것이다.

교사의 수업 방식이 아이들의 삶을 바꾸기도 한다. 너무 많고 어려운 내용을 빠른 속도로 쏟아붓는 수업은 상위권 학생들에게 유리하다. 이미 선행 학습으로 준비된 아이들은 이를 대처할 수 있다. 수업이 힘들더라도 사교육을 통해 이를 메꿀 수 있다. 하지만 배움이 느린 학생들은 이러한 수업에서 구조적으로 소외된다. 배우는 내용이 너무 많고 어려워서, 선생님이 진도 나가는 속도가 너무 빨라서 적응할 수 없다. 수학을 한번 포기하면 영원히 따라잡을 수 없어 '수포자'가 되고 만다. 이 아이들은 대체로 부모의 보살핌이나 사교육의 혜택을 받지 못하는 경우가 많다. 학교에서 하는 수업 방식이 학생의 가정 배경에 따른 격차를 늘리는 셈이다.

도내 한 중학교 교장 선생님은, '수학을 포기하지 않는 학교'를 목표로 학생들 희망에 따른 맞춤형 분반 수업을 하고 있었다. 기본 개념 수업은 공통으로 하되, 심화 학습이 가능한 학생들 따로, 기초 개념 학습이 필요한 학생들 따로 익힘 활동을 운영하고 있었다. 수준별 수업과 맞춤형 수업은 작은 차이다. 수학을 못해도 포기하는 학생이 없게끔 한다는 그 취지와 정성이 좋아 보였다.

일반적인 수업 원리에도 적용해 볼 만한 문제다. 상위권만 유리한 지나치게 어려운 내용은 덜어 내고, 누구나 흥미를 느끼고 참여할 수 있는 학습 자료를 준비해서 모든 학생을 배움으로 초대하고, 학생들의 다양한 수준에 맞춰 과제 난이도를 조절하는 것은 충분히 할 수 있다. 작은 변화 하나가, 아이들의 삶과 가능성에 큰 차이를 만든다.

이처럼 교사의 일상적인 수업과 평가 방식도 교육 불평등 문제와 깊이 연결되어 있다. 너무 어렵고 빠른 속도로 수업을 진행하면, 배움이 느린 아이들은 쉽게 뒤처지고 격차는 커진다. 반대로 학생들이 여유를 가지고 서로 배우며 협력하는 수업은 불평등을 완화한다. 지나치게 어려운 시험문제로 학생을 변별하려 하면 격차가 커지지만, 친절한 수행평가와 충분한 피드백, 재도전할 기회를 주면 모든 아이가 성장할 수 있다.

이러한 변화는 '학습복지'의 첫걸음, 즉 '일반지원'에 해당한다. 하지만 이것만으로 부족하다. 학습 부진이 누적된 아이, 정서적으로 힘든 아이, 친구 관계에 고민이 있는 아이는 여전히 학교에서 어려움을 겪는다. 학교가 이들을 포기하면, 불평등은 더욱 깊어진다. 하지만 한 명 한 명의 특성을 살피고 맞춤형 개별 교육을 제공하며 학교를 집보다 편안하고 안전한 공간으로 만들어 준다면, 그 격차는 크게 줄어든다.

경계선 지능을 가진 아이, 장애가 있는 아이, 언어 배경이 다른 아이, 가정에 어려움이 있는 아이들 역시 특별한 지원이 필요하다. 이들을 위해 특수교육을 확대하고, 지역사회 전문가와 협력하여 지원 체계를 갖춘다면, 학교는 단순한 배움터를 넘어 사회적 불평등을 완화하는 공간이 될 수 있다. 이러한 시스템이 모든 학교에 자리 잡는다면, 우리는 그것을 진정한 '보편적 학습복지'라고 할 수 있다.

초-중-고별로 섬세한 접근이 필요하다

교육 불평등을 완화하려면 필요한 것이 또 있다. 아이들의 배움에는 단순히 가정의 경제적 지원뿐만 아니라, 사회적 관계와 문화적 경험-즉 사회·문화적 자본도 큰 영향을 미친다. 어릴 적 부모와 함께 도서관을 다니고, 미술관과 공연장, 박물관을 오가며 세상을 경험한 아이와 그런 기회를 충분히 누리지 못한 아이 사이에는 큰 격차가 생긴다. 이 격차는 곧 학업성취의 차이로 이어지고, 아이들의 배움 속에 그림자를 드리운다. 그래서 학교는 가정에서 채우지 못한 사회·문화적 자본을 보완해야 한다. 모든 아이가 다양한 체험과 동아리 활동에 참여하고, 책을 많이 읽으며, 서로 협력하고 장단점을 보완하는 과정을 통해 사회·문화적 격차를 줄일 수 있어야 한다.

초등학교는 본격적인 배움이 시작되는 자리다. 이때 기초학력이 뒤처지는 아이가 없도록, 학교는 모든 아이의 배움을 꼼꼼히 살피고 책임져야 한다. 예를 들어, 3학년 이후 영어와 수학 수업에서는 협력교사제를 확대하여 담임교사의 손길이 닿지 못하는 아이들까지 보살펴야 한다. 다문화가정 학생을 위한 맞춤 지원도 제공해야 한다. 아이가 익숙한 언어로 배울 수 있도록 다문화 교재를 제작하고, 한국어를 자연스럽게 익히도록 전문 인력을 배치하며, 통합적 교수학습법을 개발하는 일도 필요하다. 최근에는 다양한 모국어 배경을 지닌 학생들이 한 학급에 모인 상황에서, AI 동시통역으로 소통하는 실험도 시작하고 있다. 강원에서도 적극 시도해 볼 만한 정책이다.

중학교에서는 또 다른 접근이 필요하다. '학습 포기자 없는 교실 프로젝트'와 '피드백과 재도전이 담긴 성장중심평가의 전면화'가 절실하다. 교육과정의 난이도가 높아지면서, 중2쯤 되면 주요 과목을 아예 포기하는 아이들이 늘어난다. 이 부분이 제일 안타깝다. 현재 고등학교에서 적용하고 있는 최소성취수준 보장지도는 이미 늦은 단계일 수 있다. 기초학력은 고등학교가 아니라, 초등학교와 중학교에서 잡아 주어야 한다. 중학교는 의무교육의 마지막 단계이기에, 책임교육 정신을 가장 절실하게 구현해야 하는 자리다. '강원도형 최성보' 시스템을 만들어, 교사에게 과도한 부담을 주지 않으면서도, 초등학생과 중학생이 최소 성취기준에 도달할 수 있도록 돕는 체계가 필요하다. 그렇게 하면 고등학교 이후 학력 격차가 사회적 불평등으로 이어지는 것을 예방할 수 있을 것이다.

고등학교는 고교학점제의 취지가 잘 살아날 수 있도록 지역 사이 격차를 줄이는 일이 시급하다. 도내 고등학교 중에는 교사가 부족해 이공계 지망 학생들에게 꼭 필요한 과학 과목을 개설할 수 없는 지역이 생기고 있다. 온라인 공동 교육과정으로 대체할 문제가 아니다. 학교마다 주요 교과 교사가 반드시 상주할 수 있도록 하는 구조 개혁이 필요하다. 이에 더해서 주지 교과뿐만 아니라 예체능과 직업 교과 같은 다양한 교육과정이 이루어지도록 개선해야 한다.

2022 교육과정에 있는 과목뿐 아니라, 강원도교육청이 개발한 새로운 과목도 운영할 수 있다. 앞으로는 생태, 평화, 지역사회, 취·창업과 관련된 강원도만의 교과목을 개발할 것이다. 'DMZ 평화 생태 여행', '우리 마을에서 창업하기', '영동 해양 스포츠'처럼 강원만의 특성을 담은 수업을 통해 학생들은 강원도를 사랑하고, 강원도를 살리는 인재로 성장할 수 있다. 이러한 과목은 학생의 진로와 진학을 돕는 동시에, 지역 간 교육 격차를 줄이고 교육 불평등을 완화하는 길이 되기도 한다.

특수교육에 더 많은 지원을

특수교육 대상 학생 부모님과 대화를 나누다 보면 가슴 한편이 아릴 때가 많다. 특히 "자식보다 하루만 더 사는 게 소원"이라는 말을 들으면, "그런 말씀 하시지 말라"고 말리면서도 그 마음은 이해될 때가 많다.

많은 부모가 자녀의 치료비 등으로 맞벌이하는 경우를 많이 봤다. 여러 가지 지원 정책이 있지만, 보조금 지원 상한선이 걸린 경우가 많아서 가정의 부담이 만만치 않다. 이러한 방식은 얼핏 합리적으로 보이지만, 들여다보면 그렇지 않다. 미국 공군이 모든 전투기 조종사의 신체 치수를 재서 평균에 맞춰 좌석을 만들었더니, 아무도 만족하지 않았다고 했던가? 학생마다 장애 정도가 다 다르고, 가정 형편도 다른데 일률적 금액을 지원하는 방식은 그다지 공정해 보이지 않는다. 특수교육 분야 전문가 위원회를 만들어서 최선의 교육·치료 방안을 함께 찾고, 그에 걸맞은 지원을 충분히 하는 게 타당하지 않을까 하는 생각이다.

또 다른 부분은, 학생들의 자립 지원이다. 자녀가 성인이 돼서 혼자 힘으로 살아갈 수 있도록 직업교육, 예술체육교육에 대한 수요가 많지만, 우리 특수교육은 이에 대한 충분한 자원을 투자해 본 적이 없다. 2024년 문을 연 국립공주대학교사범대학부설특수학교가 좋은 벤치마킹 모델이 될 것 같다. 대한민국 최초의 〈발달장애학생 대상 고등학교 과정 직업 특성화 특수학교〉다. 졸업과 동시에 자립과 사회 진출을 지원하는 것을 교육목표로 삼고 있다. 강원에서도 설립을 추진하고 싶다.

다시 한번 강조하지만, 예산은 의지와 철학의 문제다. 내용연수가 됐다고 멀쩡한 가구를 처분하고, 이유를 알 수 없는 온갖 공사가 남발되는 경우를 많이 봤다. 그런 예산을 줄여서 학생이 타고난 불운을 치유하고 더 좋아질 수 있는 가능성에 더 많은 예산을 투입할 것이다.

학교가 '교육 결과의 평등'까지 보장할 수 있을까?

교육의 '출발선 평등'과 '과정의 평등'이 '결과의 평등'으로 이어진다면, 그야말로 금상첨화일 것이다. 교육의 결과는 학업성취도, 대학 진학 그리고 취업과 같은 지표로 확인할 수 있다. 예를 들어, 농어촌 지역의 아이가 학교교육만으로 좋은 대학에 진학한다면, 그것 자체가 교육 불평등을 넘어선 뜻깊은 성취가 된다.

앞으로 강원교육은 아이들의 학업성취도와 대학 진학 그리고 취·창업률을 높이는 데 최선을 다할 것이다. 강원도에서 이루어지는 작은 성공이, 결국 우리나라 교육 불평등을 바로잡는 시금석이 된다. 이를 위해 영유아교육 단계부터 든든한 지원을 아끼지 않고, 초등학교·중학교·고등학교 단계별 특성에 맞춘 맞춤형 개별화 지원을 강화할 것이다.

대학 진학에서 좋은 성과를 이루도록, 모든 고등학교에는 〈진학 컨설팅 전문교사〉를 배치할 계획이다. 모든 학생이 1학년 때부터 자신의 진로 적성과 장단점을 파악하며 탐구 활동을 지도받아서 학생부 전형에서도 충분한 성과를 거두게 할 것이다. '서울대 10개 만들기' 같은 국정 과제와 연계하여, 강원도 학생들이 강원도 대학에 진학해도 걱정 없는 사회를 만들 것이다.

나아가 지역 내 양질의 일자리를 창출하여, 우리 아이들이 자기 지역에서 취·창업할 수 있도록 돕는 것도 중요하다. 이것은 단지 도교육청만의 과제가 아니다. 강원도의 민·관·산·학이 함께 힘을 모아야 가능한 일이다. 아이들의 배움과 성장이, 결국 지역과 사회의 성장으로 이어지도록 만드는 것, 그것이 바로 강원교육이 지향하는 미래의 모습이다.

하지만 이것만으로는 충분하지 않다. 교육 결과의 평등은 단지 소외된 지역의 학생이 더 나은 기회를 누리도록 하는 것만을 뜻하지 않는다. 진정한 교육의 결과란, 유·초·중·고 교육을 거쳐 결국 어떤 인간으로 성장했는가에 달려 있다.

앞으로 강원교육이 지향하는 것은 〈더불어 사는 인간〉, 〈전인적으로 성장한 민주시민〉이다. 아이들이 자신의 타고난 재능이나 노력의 성과를 오직 자신만의 몫으로 여기지 않고, 그것을 누릴 기회가 없었던 이들과 나눌 수 있는 마음을 지닌 사람이 되도록 돕고자 한다. 그래야 우리 사회는 승자 독식의 경쟁 사회를 넘어, 서로 협력하고 연대하며, 모든 인간의 존엄이 존중되는 사회로 나아갈 수 있다.

불평등을 막아 내는 교육이란 단순히 어려운 환경에 있는 학생을 좋은 대학에 보내는 것이 아니다. 그것은 아이들이 불평등한 사회를 바꾸어 나가는 역량을 길러 주는 교육이다. 아이들의 배움과 성장 속에, 더 나은 사회의 가능성이 숨어 있는 것이다.

교육은 사회를 바꿀 수 있을까?

교육의 사회적 역할은 크게 두 가지로 나눌 수 있다. 첫째는 아이들이 사회 공동체에 잘 적응하도록 돕는 '사회화' 과정이다. 둘째는 아이들이 미래 사회를 더 나은 방향으로 바꾸어 나갈 능력을 기르는 교육이다. 〈OECD Education 2030〉에서는 이를 '변혁적 역량'이라고 말한다. 기후위기, 불평등의 심화, 인공지능의 도전 등 미래 사회의 위기에 맞서, '개인의 행복'과 '사회의 행복'을 함께 추구할 수 있는 능력을 길러 주는 것이 바로 미래 교육의 과제이다.

강원도는 수도권에 비해 이미 출발선에서 뒤처져 있다. 그래서 강원교육은 무상교육과 고교평준화, 보편적 교육복지, 마을교육공동체, 유아교육 공공성 강화, 특수교육 확대 등을 통해 출발선 평등을 보장하려 노력해 왔다. 나아가 수업과 평가의 혁신, 배움과 돌봄의 책임교육 공동체, 민주적 학교 문화, 학생 맞춤형 개별화 교육 등을 통해, 아이들이 배움의 과정에서 공정한 기회를 누릴 수 있도록 과정의 평등을 실현하고자 한다.

교육계의 노력이 반드시 결과의 평등으로 이어지는 것은 아니다. 교육 불평등을 해소하려는 노력은 학교의 울타리를 넘어, 사회 전반에서도 이루어져야 한다. 학벌 사회 해소, 지역 균형 발전, 일자리 정책, 노동권 보호 같은 근본적인 사회 개혁을 함께할 때, 비로소 교육 불평등을 줄일 수 있다.

하지만 우리는 "사회가 바뀌기 전에는 학교가 할 수 있는 것이 없다"라며 지레 비관주의에 빠져서는 안 된다. 우리 아이들이 마지막으로 기대고 의지할 수 있는 '비빌 언덕'은 바로 학교다. 과거의 교육은 사회 불평등을 재생산하는 역할을 했지만, 이제 새로운 교육은 그 불평등을 완화할 힘을 지닐 수 있다. 아이들이 학교에서 어떤 경험을 쌓느냐에 따라, 사회의 모습도 달라질 수 있다. 교육은 사회의 모습을 반영하는 거울이지만, 동시에 사회를 바꾸는 길이 되기도 한다. 강원교육이 그 변화를 만들어 낼 길을 한발 앞서 개척해야 한다. 이것이 진짜 강원교육이다.

2부

강원교육을 위한

강삼영의 생각

학교는 작은 사회, '교육 대통령'이 필요합니다 *

이재명 대통령님, 제21대 대한민국 대통령 취임을 진심으로 축하드립니다.

조기 대선을 통해 드러난 민심은 민주주의 수호와 국민 통합, 경제 위기 극복으로 나아가야 한다는 절박한 요구였습니다. 대통령님께서 선거운동 기간 강조하셨던 것처럼, 진보와 보수를 넘어 통합과 혁신의 대한민국을 다시 세워 주시길 간절히 바라고 응원합니다.

이번 대선 기간 아쉬운 점이 있다면, 국가의 백년대계인 교육 의제가 잘 다루어지지 않았다는 것입니다. 인수위원회 기간도

* 강삼영, 「학교는 작은 사회, '교육 대통령'이 필요합니다」, 교육언론 창, 2025.06.05., https://www.educhang.co.kr/news/articleView.html?idxno=6419

강삼영의 모두가 빛나는 강원교육

없이 바로 취임하시는 일정이기에 교육 문제를 세심히 살피는 데 어려움이 있을 것입니다. 저는 교육운동가로서 당선인께서 '교육 대통령'으로 기억되기를 소망하며 세 가지 간곡한 바람을 전하고자 합니다.

첫째, 과잉 경쟁의 굴레를 끊는 입시와 평가의 혁신을 추진해 주시기 바랍니다. 오늘 학교 현장은 오지선다형 문제 풀이와 순위 경쟁에 매몰돼 있습니다. 학부모들은 지난 정권에서 30% 넘게 폭증한 사교육비에 허리가 휘고, 아이들은 정답을 외우느라 공부에 호기심을 잃는 극단적 비효율에 빠져 있습니다. 대한민국 중학생 교우 관계의 질이 OECD 국가 중 최하위인 이유도 이러한 과잉 경쟁과 무관하지 않을 것입니다.

문제 극복을 위해, 전 과목 내신 절대평가 및 서술·융합형 평가를 예측 가능하게 단계적으로 도입해 주십시오. 이를 기반으로 모든 학생이 '배움의 기쁨'을 누리며 저마다의 잠재력을 마음껏 발휘하는 체제로 나아가야 합니다. 그럴 수 없다면 어떠한 AI 혁신, 어떠한 미래 산업 청사진도 모래 위에 지은 집일 수 있습니다.

둘째, 인재와 자원의 수도권 쏠림을 막고 지역에서도 세계 수준 교육을 받을 수 있도록 지방대학에 과감하게 투자하기 바랍니다. 특별한 대응이 없다면 지방 교육 소멸과 지방대 정원 미달은 예정된 미래입니다. 학생들이 '인 서울'만을 바라며 고향을 떠나는 흐름을 막지 못한다면, 교육뿐만 아니라 지역이 지탱해 온 문화·경제 생태계도 같이 쓰러집니다.

후보 시절에 거점 국립대 10곳을 '서울대 수준'으로 육성하겠다는 약속은 임기 첫해부터 가시화해 주십시오. 더불어 지역 특성을 살린 산업 유치와 공기업 지역 인재 할당제를 일정 기간 안정적으로 추진한다면 청년들은 더 이상 기회를 찾아 수도권으로만 몰리지 않을 것입니다. 지방에서 자란 아이가 "지역에서도 세계와 통한다"라고 체감할 때, 극단적 입시 경쟁은 완화되고 수도권 과밀·주택난·교통 혼잡도 자연스럽게 해결될 것입니다.

셋째, 초중등 교육의 공적 책임성을 강화하기 위해, 지방 교육에 많은 권한을 이양해 주십시오. 현재 강원 지역에는 특정 과목 교사가 한 명도 없는 '군' 지역이 나타나고 있습니다. 교육부가 학생 수 감소에 비례해서 교사 정원을 줄이다 보니, 면적은 넓고 소규모 학교가 많은 강원에 부작용이 나타나는 것입니다.

대통령님은 소년공 출신으로 계층 불균형 문제에 누구보다 예민한 감각을 갖고 계신 줄로 압니다. 어디에 살건, 부모의 직업이 무엇이든 모든 아이가 양질의 교육을 누리고 저마다 잠재력을 마음껏 발휘할 수 있게 해 주십시오. 그 시작은 강원특별자치도교육청이 교사 정원을 일정한 기준 아래 자율 책정하고,

지역 특성에 맞는 교육을 할 수 있도록 허용하는 것이 아닐까 싶습니다.

대통령님께서 강조하신 '교육은 비용이 아닌 미래를 위한 투자'라는 선언이 임기 내내 흔들림 없이 추진되길 기대합니다. '국가적 입시·평가 혁신, 균형적인 고등교육 생태계, 지방 교육의 자율성과 활력' 세 가지 축이 맞물릴 때, 대한민국은 저출생과 저성장이라는 이중의 벽을 넘어 모두가 활약하는 창의 국가로 거듭날 것입니다. 혼란을 수습하며 출발하는 새 정부의 무게를 잘 알고 있기에, 지역사회에서도 묵묵히 변화의 씨앗을 심겠습니다. 대통령님께서도 국민의 목소리에 늘 귀 기울이며 나라의 어려움을 잘 극복하여 민주주의 모범 국가의 자부심을 다시 세워 주시길 부탁드립니다.

교육은 삶을 준비하는 과정이 아니라 삶 그 자체[*]

학생들이 스스로 생을 마감했다는 소식이 끊임없이 이어진다. 모방 행위와 사회적 파장을 최소화한다는 명분을 내세운 언론 보도 준칙 탓인지 모르겠지만 아는 사람만 알고 잊히고 있다. 반복되는 죽음 앞에서도 우리 사회의 감각이 점점 무뎌지고 있는 것은 아닌지 걱정스럽다. '청소년 자살률이 높다', 'OECD 1위'라는 경고는 이제 너무 익숙한 수사처럼 들린다. 이렇게 우리 사회는 꽃다운 청춘들이 한 해 수백 명이 죽어 나가는 시스템을 '교육'이라는 이름으로 붙잡고 있는 건 아닐까.

희생은 계속되지만, 정작 그 원인을 되묻지 않는다. '모범적인

---

[*] 강삼영, 「교육은 삶을 준비하는 과정 아닌 삶 그 자체」, 교육언론 창, 2025.09.06., https://www.educhang.co.kr/news/articleView.html?idxno=7015

병원은 한탄하지 않고 진단하고 치료한다'고 하는데 '모범적인 학교'는 그렇게 하고 있다고 자신할 수 있나. 위기학생을 찾아내고 관리하는 데 행정 역량을 쏟고 있지만, 그 위기를 만들어낸 구조에는 손을 대려 하지 않는다. 시간이 갈수록 책임은 흐려지고, 고통은 한 아이의 몫으로만 남는다. 그렇게 우리는 또 하나의 비극을 반복한다.

김누리 교수는 《우리의 불행은 당연하지 않습니다》에서 오늘날 한국 사회를 '자기 착취 사회'라 명명했다. 아이들은 경쟁 중심 교육 체계 아래서 스스로를 감시자 삼고, 감정의 여유나 쉼조차 허락하지 못한 채 살아간다. 막연한 불안에 휩싸여 자신을 끊임없이 채찍질하다 감당할 수 없는 지점에 도달하면, 끝내 죽음을 선택하게 된다. 하지만 사회는 이 죽음을 개인의 선택으로 처리해 버린다. 사회적 경쟁 구조가 만든 죽음은 '사회적 타살'이다. 단지 개인의 나약함이나 불운이 아니라, 치열한 경쟁과 무한한 비교 그리고 자기 자신을 갈아 넣는 문화가 그 배후에 놓여 있다는 지적이다.

강원도는 이러한 구조적 모순이 특히 선명하게 드러나는 지역이다. 2023년, 강원도 인구 10만 명당 청소년 자살률은 15.6명으로 전국 최고 수준이었고, 2024년 청소년 건강행태조사에서도 스트레스 인지율과 우울감 경험률이 전국 평균을 웃돌았다. 불과 몇 해 사이에, 아이들을 둘러싼 환경은 급격히 나빠졌다. 학생들이 온몸으로 '힘들다'고 말하고 있지만 책임 있는 사람들의 반성이나 정책 전환을 예고하는 이야기는 들리지 않는다.

2022년 선거에서 당선된 신경호 교육감은 평가와 시험 중심의 학력 강화에 정책의 초점을 두겠다고 선언했다. 그 이후 초등학생까지도 빽빽한 평가 일정 속에서 숨 가쁘게 하루하루를 견디고 있다. 교사는 수업을 설계하고 아이들을 살피기보다, 매일 같이 성취기준에 도달했는지를 점수로 확인하며 버티고 있다.

초등학교 학생 평가 계획에서 교과별 성취기준을 70% 이상 반영하도록 하는 지침 아래, 학교가 '배움'보다 '평가'가 먼저인 것은 어쩌면 당연한 일이다. 교실을 지배하는 '70'이라는 숫자는 아이들의 목소리와 리듬을 지운다. 각자의 속도와 방향은 무시하고, 누가 더 빠르고 정확하게 도착했는지만 따지게 된다. 반복되는 비교와 평가 그리고 스스로를 점수로 규정짓는 자기 검열은 교실 곳곳에 '자기 착취'의 문화를 퍼뜨린다. 쉬는 시간이나 방과후에도 팽팽한 고무줄처럼 긴장을 놓지 못하는 일상은 결코 교육의 방식일 수 없다.

삶을 배워야 할 학교에서, 아이들은 너무 이른 나이에 '살아남는 법'을 배우고 있다. 교육 철학자 존 듀이는 "교육은 삶을 준비시키는 것이 아니라, 바로 삶 그 자체이다"라고 말했다. 그 말처럼, 학교는 언젠가 다가올 미래를 위해 오늘을 희생하는 곳이어서는 안 된다. 아이들의 '지금'이 숨 쉴 수 없다면, 그 어떤 미래에도 도달할 수 없다.

지난 9월 4일 전국교육자치혁신연대의 시작을 알리는 포럼이 국회에서 있었다. 창립 선언문의 한 부분을 옮겨 본다. 우리는 지금 우리 교육이 어디로 가고 있는지, 그 방향을 스스로 되물어야 한다. 학교는 버티는 곳이 아니라, 삶을 꿈꾸는 곳이어야 한다. 교육은 희망이어야 한다.

"전국교육자치혁신연대는 오늘 이 자리에서 다짐합니다.

하나, 우리는 학생들의 성장을 최우선으로 삼겠습니다. 하나, 우리는 교사의 자율성과 전문성을 존중하겠습니다. 하나, 우리는 학부모와 시민이 함께 참여하는 교육을 만들어 가겠습니다. 하나, 우리는 지역의 다양성을 살리고, 불평등을 줄이는 교육을 지향하겠습니다.

우리는 이제 선언합니다.

모두가 주인이 되는 교육 자치, 함께 만드는 교육 혁신, 서로 손잡는 교육 연대의 길을 열어 갑시다!"

개별화 교육이 미래 교육이다[*]

'연상 작용', 하나의 관념이 그것과 연관된 다른 관념을 불러일으키게 되는 심리적 작용을 말한다. 연상 작용을 문학적으로 극대화하는 장르가 있다면 '시'이다. 살아 있는 알배기 꽃게에 시커먼 전통 간장을 붓는 장면에서 "저녁이야/ 불 끄고 잘 시간이야"라며 모성을 연상하게 하거나, 바람에 흔들리는 갈대를 보며 "저를 흔드는 것이 제 조용한 울음인 것을/ 까맣게 몰랐다"라고 속삭일 수 있는 것도 이 같은 심리 작용에 기댄 것이 분명해 보인다. 광고 제작자들은 소리와 빛깔만으로도 의도했던 특정한 장면을 떠올리게 하기도 한다.

* 강삼영, 「개별화 교육이 미래 교육이다」, 교육언론 창, 2024.06.01., https://www.educhang.co.kr/news/articleView.html?idxno=3798

'교육'이라고 하면 어떤 상황이 연상되는지 궁금하다. 교사와 학생이 질문과 대답을 주고받는 장면, 아니면 교사의 일방적인 강의 장면, 혹은 시험문제를 풀고 있는 학생들이 떠오를 수도 있다. 의도하지 않았는데 반사적으로 떠오르는 장면이 가진 힘은 막강하다. 같은 말을 듣고도 어떤 사람은 교육의 가장 본질적인 장면을 생각하지만, 또 어떤 사람은 지긋지긋했던 문제 풀이나 모멸감을 느꼈던 경험을 끌어낼 수도 있기 때문이다.

그럼 한 발 더 들어가 '미래 교육'이라는 낱말에서 연상되는 장면을 떠올려 봤으면 한다. 학생들의 학업을 도와주는 온갖 기계들이 떠오를 것이다. 전자칠판, 디지털 교과서, 로봇, 개인용 컴퓨터 앞에 앉아 있는 아이들 그리고 화면에는 같은 시간대에 연결된 교사나 친구들이 보이거나, 인공지능 학습 프로그램이 아이들의 시선을 끌고 있을 것이다. 학생 모두 학습에 흥미를 느끼고 있고, 교사는 선한 얼굴로 아이들을 바라보고 있는 장면일 수도 있다. 과거 학창 시절 과학주간에 했던 행사에서 습관적으로 글이나 그림으로 묘사했던 것처럼 디지털 기기에 기댄 미래 교실은 안전하고 행복한 모습일 것 같기도 하다.

그런데 말이다. 여러분이 상상하는 미래 교육, 그 속에 통합 교육을 받는 장애 학생들도 들어 있을까? 늘어나는 정서 불안 학생들, 어려서부터 스마트폰에 과몰입해 학습에 흥미를 잃은 아이들, 한국어를 하지 못하는 다문화 이주 배경 학생, 경계성

지능의 느린 학습자, 디지털 교과서가 작동을 멈췄다며 고함치는 아이들, 학업을 중단한 학교 밖 청소년들, 특정 교과에 지적 호기심이 넘치는 외로운 영재 아동, 갑작스러운 접속 지연으로 중단된 학습 장면과 온갖 전자 기기에 둘러싸인 학생들을 챙기느라 땀을 흘리고 있는 선생님들도 들어 있을까?

'개별화 교육', 주로 특수교육 분야에서 학습자 개인의 능력을 계발하기 위해서 학습 목표, 내용, 학습 방법과 환경까지도 맞춤형으로 제공하는 것을 뜻한다. 한 아이 한 아이 모두가 자신의 기질과 흥미, 진도에 맞게 배울 수 있도록 계획하는 개인별 교육과정이다. 우리 아이들이 저마다의 빛깔과 속도로 모든 순간 배움이 일어나도록 계획을 세우고 교사와 학부모, 학교와 지역사회가 함께 노력해야 가능한 교육이다.

당연한 말이지만 좋은 교육은 학습자의 가정 배경이나 발달 단계, 기질과 특성을 이해해야 가능하다. '한 아이에 두 부모'라는 말처럼 어쩌면 특별한 교육적 처방을 위해서는 일정 기간은 학생 하나에 한 명의 교사가 필요할 수도 있다. 이처럼 우리 아이들의 특별한 교육적 요구에 응답하기 위해서는 교육적 실천을 가로막는 규제를 풀어야 한다. 일률적인 인력과 예산 지원에서 벗어나 현장의 요구에 바로바로 응답하는 자율적이고 효율적인 시스템을 고민해야 한다.

우리가 꿈꾸는 미래 교육은 AI 기반의 학습 도구나 디지털 기기로 할 수 있는 게 아니다. 화려하게만 보이는 전자칠판과 대형 스크린, VR 기기를 쓰고 가상공간을 헤매고 있는 아이들, 화면으로 만나는 선생님과 친구들을 미래 교육의 대표적인 장면으로 연상하기 시작하면 우리 교육은 또다시 지긋지긋한 악몽에 빠져들 수밖에 없을 것이다. 특정 단계를 이해하지 못하는 아이들에게 AI 기반의 학습 도구를 주면 문제가 해결될 것처럼 보인다. 한국어를 못 하는 다문화 이주 배경 학생이나 외국어를 어려워하는 학생에 대한 처방도 크게 다르지 않다. 좋은 시설과 효율적인 학습 도구를 제공했는데 너는, 그 학교는, 그 지역은 왜 성과가 나오지 않는지 개인에게 책임을 묻는 방식이 더 강해지는 것은 아닌지 돌아봐야 한다. 아무리 화려하고 체계적인 학습 도구라도 누군가 아이 곁에서 세심하게 살펴 주지 않으면 무용지물이 될 수 있다는 사실을 놓치면 안 된다.

미래 교육, 한 아이도 배움으로부터 소외되지 않고 질문과 답변이 꼬리에 꼬리를 물며 이어지는 수업 장면이 생각나야 한다. 한 교실에 담임뿐만 아니라 아이들 각각의 교육적 요구를 지원하는 선생님들이 함께 있는 모습이 떠올라야 한다. 학생들이 학교 안팎을 넘나들며 이웃 어른들한테 삶을 배우는 장면이 그려지길 바란다. 선생님 모두가 학교에 소속될 까닭은 없지만 더 많은 이웃이 교육 속에서 아이들과 얽혀야 한다. 그 장면 속에 우리 교육의 미래가 있지 않을까.

'공부를 잘한다'[*]

'공부한다'는 말을 들으면 어떤 장면이 그려질까. 누군가 책상에 앉아 강의를 듣고 책을 읽거나, 아니면 과제를 해결하기 위해 어떤 작업에 열중하고 친구들과 토론하는 모습이 떠오를 거다. 그런데 '공부를 잘한다'는 말을 들으면 방금 떠오른 공부하는 장면은 온데간데없이 사라지고 시험 점수와 등수(등급)가 표시된 성적표로 바뀌지 않는가.

무의식이 이성을 흔든다. 과거의 경험이 쌓여 생긴 무의식은 눈에 빤히 보이는 과학적 통계나 사실을 외면하게 한다. 주의를 끄는 두드러진 사건은 잘 사라지지 않고 기억 속에 남는 것

[*] 강삼영, 「'공부를 잘한다'」, 교육언론 창, 2023.12.08., https://www.educhang.co.kr/news/articleView.html?idxno=1504

처럼 유명 연예인의 이혼 같은 사례가 머릿속에 쉽게 떠오르다 보니 마치 연예인들이 일반인보다 이혼 비율이 더 높을 것이라고 과장하기 쉬운 것과 마찬가지다.

중앙대학교 백광진 교수가 발표한 대입 전형 유형별 국가장학금 수혜율을 분석한 자료를 보면, 내신성적 중심 전형으로 입학한 학생의 장학금 수혜율이 가장 높고 논술로 입학한 학생이 낮다. 국가장학금 지급 여부는 부모 소득이 기준이다. 다시 말해 논술전형으로 입학한 학생들의 가계소득이 더 높다는 이야기다. 조금 더 확대해 생각해 보면 논술전형과 수능 점수를 기준으로 하는 정시전형이 정상적인 고등학교 교육과정을 벗어나는 제도라는 해석도 가능하며 사교육의 영향을 더 많이 받는다는 뜻도 되지 싶다. 통계는 고등학교 내신성적 중심의 교과전형과 학생부종합전형이 학생이 사는 지역과 부모 소득의 영향을 가장 덜 받는 입시제도라 말하고 있는데, 우리 무의식은 한 번의 시험으로 투명하게 줄을 세우는 정시전형이 더 공정할 것으로 믿고 있다.

올해도 학생들의 학원 교육 지출이 꾸준히 늘어 사상 최대를 기록할 것으로 보인다. 정부의 가계 동향 조사를 보면 2020년 코로나19가 기승을 부릴 때 잠시 줄었던 사교육비가 계속해서 늘어나고 있다. 학생 1인당 사교육비, 사교육 총액, 사교육 참여율 같은 주요 지표가 역대급으로 높을 거라는 예상까지 나오고 있다. 대통령까지 나서서 킬러문항 배제와 사교육 카르텔을 언급했지만, 자사고 유지와 불수능으로 오히려 사교육 수요를 자극했다는 비난을 피하기 어려울 것으로 보인다.

'공부를 잘한다'는 것이 어떤 뜻일까 다시 한번 생각해 본다. 수업 시간에 교사의 강의를 주의 깊게 듣고 친구들과 토의·토론에 열심히 참여하고 숙제와 프로젝트 잘 수행하고, 학기를 마칠 때 이루어지는 시험을 통해 성취도를 확인하고 스스로 부족한 부분을 채우는 것. 이렇게 하는 것이 공부 잘하는 것 아닐까. 그렇게 보면 우리 삶의 장면도 공부의 연장이고, 직장에서 하는 일도 공부하는 것과 크게 다르지 않을 것이다. 하고 싶은 일이든, 주어진 일이든 시작부터 끝까지 동료들과 협업해서 잘 해내는 것이 '공부'고 '일'이고 '놀이'고 결국, 총체적인 '삶'으로 이어지는 것이라 생각한다. 시험(평가)은 교육의 한 부분일 뿐이다. 딱 그만큼만 중요하다. 우리 학생들의 총체적인 삶일 수 있는 학교생활을 수능과 같은 시험으로 평가하겠다는 것 자체가 근원적 오류이다. 우리는 수능 시험 점수가 학생의 고등학교 생활 전체를 평가하지 못한다는 것을 인정해야 한다. 아울러, '공부 잘한다'는 것을 진지한 학습 태도와 높은 지적 호기심을 포함해 교육의 전 과정을 성실하게 수행하는 장면으로 이해해야 마땅하다.

또다시 바뀔 대입제도를 두고 다양한 의견이 충돌하고 있다.

 강삼영의 모두가 빛나는 강원교육

교육제도는 거대한 함선과 같다. 항로를 바꾸기 위해서는 큰 궤적을 그릴 수밖에 없다. 하루아침에 모든 학생을 대상으로 새로운 교육과정을 적용할 수 없는 것과 마찬가지이다. 지난 정부가 설계한 것을 현 정부가 이행해야 하는 구조이다. 이런 이해 없이 공교육 기관이 충분히 준비하기 전에 새로운 제도를 밀어붙이면 그 피해는 고스란히 학생과 학부모 그리고 교사들이 감당해야 한다. 특히, 사교육의 영향력을 최소화하면서도 공교육을 정상화하려면 대입제도가 어떠해야 하는지 철저한 분석 없이 지난 정부의 '정시 확대'처럼 무의식에 기대 제도를 바꾸면 학생과 학부모들의 교육에 대한 신뢰는 더 낮아질 것이며 제2의 교실 붕괴를 마주하게 될까 두렵다.

이제 곧, 2024학년도 대입 합격 여부가 수험생들에게 알려질 것이다. 대입은 선발을 위한 제도라는 한계를 갖고 있기에 누구는 합격하고 또 누구는 반대의 결과를 확인할 것이다. 어떤 학생이 공부를 잘하는지 가려 뽑는 게 쉬운 일은 아니다. 세상에 완전히 새로운 것은 없다. 지금 디디고 선 곳에서 출발해야 한다. 바라건대, 대학 공부를 잘하기 위해서 우리 학생들이 어떤 자질을 갖춰야 하는지 더 깊이 있게 고민하면 좋겠다. 대한민국 어디에 살든 학교 공부에 성실하게 참여한 학생이라면 자신이 하고 싶은 공부를 마음껏 할 기회를 주는 입시제도를 꿈꿔 본다. 학생들의 용기가 배신당하지 않는 교육정책, 함께 만들어야 한다.

문해력 교육에 과감한 투자를*

요즘 아이들의 문해력에 대한 사회적 관심이 높다. 아이들이 과거에 비해 글을 잘 읽지 않을뿐더러 못 읽는 경우도 많다. 교사들은 수업 시간에 단어 뜻풀이하느라 정작 중요한 내용을 가르치기 힘들다고 하소연한다.

'사실'과 '의견' 구분, 유독 낮은 점수

취약한 문해력은 수치로도 확인할 수 있다. 최근 국제학업성취도평가 읽기 시험에서 우리 학생들의 하위권 비율이 2000년

---

* 강삼영, 「문해력 교육에 과감한 투자를」, 교육언론 창, 2023.10.13., https://www.educhang.co.kr/news/articleView.html?idxno=1087

대비 세 배 가까이 늘어나(2000년 5.7%→2018년 15.1%) 우려를 자아내고 있다. 이뿐만이 아니다. 같은 시험의 '사실'과 '의견'을 구별하는 문항에서는 다른 나라보다 유독 낮은 점수를 얻었다고 한다. 글을 잘 읽어 내지 못하는 학생들이 늘어난 데다 표면적으로는 잘 읽는 학생들조차도 비판적 사고력은 취약하다는 증거다.

옥스퍼드 사전에서는 문해력literacy을 '읽고 쓰는 능력'이자 '특정 영역의 전문성 또는 지식'으로 정의한다. 이 정의를 유의 깊게 봐야 한다. 우리나라 문맹률이 매우 낮은데 웬 문해력 타령이냐고 할 사람도 있겠지만 이는 문해력에 대한 오해다. 문해력은 단순히 글자를 판독하는 능력이 아니라 글 속에서 정보를 종합하고 지식으로 축적해 활용하는 능력이다.

인공지능이 아무리 발전해도 거짓 정보를 걸러 내는 데는 한계가 있다. 수많은 정보를 취사선택하고 거짓을 가려내는 능력은 문해력에서 온다. 모든 수준 높은 지식과 전문성은 '읽고 쓰는 것'을 통해 길러지고 표현된다. 챗GPT 같은 최첨단의 생성형 인공지능도 깊이 있게 읽으며 질문을 품고 답을 찾을 줄 모르는 사람에겐 감각적인 장난감일 뿐 유용한 삶의 도구가 되지 못한다.

성인의 문해력도 낮은 수준

우리나라 성인의 독서량은 세계 최하위 수준이다. 학교를 마치면 독서와는 영영 멀어진다. 그러면서 정상적인 교육과정을 이수했으니 문해력에 아무 문제가 없다고 생각한다. 하지만 중3 수준의 문해력을 갖춘 성인 인구가 80% 정도밖에 되지 않는다는 통계가 있다. 실제 사회생활에서 필요한 문해력은 중3 수준을 훨씬 뛰어넘는다.

기업의 인사 담당자들이 신입 사원을 뽑을 때, 가장 중요하게 보는 요소는 스펙이 아니다. 읽고 분석하고 쓰는 능력, 즉 문해력이다. 문해력의 차이가 승진이나 보수에도 큰 영향을 미친다. 높은 수준의 전문성을 습득하거나 행간의 의미를 읽고 정보의 가치를 분석하는 고차원적 사고 활동도 결국 문해력이기 때문이다. 가짜뉴스를 분별하고 휘둘리지 않기 위해서도, 교묘한 말의 성찬과 선동이 판치는 정치에 휘둘리지 않고 책임 있는 민주시민으로 살기 위해서도 가장 필요한 것은 문해력이다. '문해력 하락'은 학력 격차와 불평등을 일으키는 동시에 한국 민주주의에도 어두운 그림자를 드리우는 현상이다.

짧은 영상 유행, 집중력 떨어져

그렇다면 문해력 격차가 확대되는 원인은 무엇일까? 먼저 사회

경제적 요인을 살펴볼 수 있다. 다문화가정 자녀들이 많은 학교의 가장 큰 고민이 학생들의 문해력이다. 소득 양극화, 다문화가정 증가로 형편이 어려운 가정에서 자녀에게 양질의 '문해 환경'을 만들어 주지 못한 것이 일차적 원인이다.

또 다른 원인으로는 공교육에서 문해력 교육이 취약해졌음을 지적하지 않을 수 없다. 지금 학생들은 스마트폰 같은 디지털 기기 의존도가 높아지면서 활자보다 영상에 익숙한 세대다. 요즘은 특히 몇 초짜리 짧은 영상이 유행하면서 집중력 문제도 일어나고 있다. 이런 현실을 고려해 읽고 쓰고 발표하는 교육을 더 강화해야 하지만 현실은 그렇지 못하다. 점수만으로 교육의 성과를 재단하려는 풍토에서 문제 풀이와 정답 찾기를 위해 기계적인 반복 학습을 계속한다면 이런 교육으로 문해력과 사고력 발달을 기대하기는 어렵다.

문해력, 학력 향상 대책

문해력의 중요성에 동의한다면, 지금부터라도 문해력 향상을 중요한 목표로 두고 공교육 활동 전반을 점검할 필요가 있다. 이것은 비단 국어 교과에만 해당하는 문제가 아니다. 취학 전 가정의 문해 환경부터 살펴봐야 하고, 학교에서는 모든 교과에 '즐겁게' 읽고 쓰고 토론하는 문화가 자리 잡아야 한다.

즐겨 읽고 제대로 읽는 학생치고 학업성취가 낮은 학생은 드물다는 점에서, 문해력 향상은 가장 효과적인 학력 향상 대책이기도 하다. 모든 아이의 문해력을 길러 주는 것은 아이들이 자립할 수 있는 삶의 힘을 키우고 건강한 시민으로 성장하도록 하는, 공교육의 근본 책무이다. 인력, 예산, 연구 등 과감한 투자를 망설일 이유가 있겠는가.

다시 깨달은
민주시민교육의 중요성*

"국회가 신속하게 비상계엄 해제 요구를 할 수 있었던 것은 시민들의 저항과 군경의 소극적인 임무 수행 덕분이었으므로, 이는 피청구인의 법 위반에 대한 중대성 판단에 영향을 미치지 않습니다."

윤석열 전 대통령이 파면됐다. 헌법재판소장이 22분 동안 읽어 내려간 판결 요지에서 위 문장이 가장 가슴에 와닿았다.

헌법재판소는 이 문구에서, 대통령 파면이 상층 엘리트 정치의 권력투쟁이 아니라 우리 국민의 저력과 민주주의에 대한 열

---

* 강삼영, 「다시 깨달은 민주시민교육의 중요성」, 강원도민일보, 2025.04.10., https://www.kado.net/news/articleView.html?idxno=1304206

망이 만들어 낸 결과임을 명확하게 밝히고 있다. 12월 3일 계엄을 선포한 겨울 초입부터 국민주권을 확인한 4월의 봄날까지 거리와 일터에서 마음을 모으고 응원봉을 흔들며 민주주의를 외친 모두에게 존경과 감사의 인사를 보낸다.

지난 넉 달 동안 우리 사회는 어두운 민낯을 드러냈다. 역사책 속에 박제돼 불가능할 것 같았던 계엄이 현실이 됐고, 국민이 선출한 대통령이 주권자를 처단하겠다는 포고령을 선포했다. 그때부터 부정선거론 같은 가짜뉴스와 헌법 조항에 대한 자의적 해석이 넘쳐 났다. 뿐만 아니다. 헌법을 대놓고 무시한 고위 공직자부터 '국민 계몽'이라는 수 세기 전 낱말을 남발했던 변호사, 법원 폭동을 선동한 종교인, '백골단'이라는 사적 폭력 집단을 버젓이 국회에 데려와 기자회견을 시킨 교수 출신 국회의원까지. 민주주의 원칙과 상식의 틀에서 벗어난 엘리트들의 모습은 우리를 절망하게 했다.

하지만, 살을 에는 추위를 은박 담요로 견디며 광장을 지킨 시민들, 자신의 일상에서 묵묵히 상식의 힘을 믿고 헌재 판결을 기다렸던 국민은 달랐다. 얼마 전까지 전 세계의 모범으로 칭송받던 대한민국의 민주주의가 권력자의 무모함으로 무너지는 것을 용납할 수 없었다. 맨몸으로 장갑차를 막아서고, 한겨울 거리에서 밤을 지새웠다. 주권자들이 바란 것은 권력도 지위도 아니었을 것이다. 광장에서 만난 시민의 한결같은 소망은

나와 내 이웃에게 당연하게 주어지는 자유와 평범한 일상을 회복하는 것이었다. 함께 사는 방법을 아는 시민들이 맞잡은 손이 민주주의를 위기에서 구했다. 잘못된 신념의 소수 엘리트가 망칠 뻔한 나라를 주권자들이 연대로 살려 낸 것이다.

대통령은 파면됐지만 우리가 해결해야 할 과제는 그대로 남아 있다. 민주주의 광장에 모였던 시민들은 지속가능한 민주공화국을 위해 근본적 개혁을 요구하고 있다. 특히 교육공동체가 민주주의 모범 국가로서의 자부심을 지켜 내고 풍요로운 공동체를 유지·발전하는 데 어떤 역할을 할 수 있는지 근본적인 고민과 실천을 시작해야 할 때다.

경쟁이 치열한 학교에 가고, 높은 지위에 오르는 것을 교육의 성공이라고 믿는 사람들이 많다. 지금도 명문대 입학을 축하하는 현수막이 곳곳에 걸리고, 도교육청을 비롯해 교육기관이 앞장서서 주요 대학 진학생 숫자를 홍보하고 있다. 하지만 그러한 지표가 과연 '교육의 성공'을 가늠할 수 있는지, 오히려 그 숫자들 속에 이웃을 적대시하고 계몽의 대상으로 여기는 반지성주의와 반민주성이 자라날 위험은 없는지 깊은 성찰이 필요하다.

돌이켜 보면 상식과 교양을 갖춘 시민이 결국 우리 헌정을 지켜 냈다. 그리고 우리 민주공화국의 미래를 만들어 갈 것이다. 그렇다면 우리 교육이 가야 할 방향은 분명하다. 저마다의 속도와 적성에 맞는 맞춤형 교육으로 구성원 모두의 잠재력을 최대한 길러 내면서도, 개인적 성취 또한 건강한 시민성에 기반해야 한다는 원칙을 다시 세워야 한다. 지금 우리 강원교육은, 그러한 방향으로 나아가고 있는지 다시금 묻지 않을 수 없다.

우리는 또 배운다. 민주공화국에서 법치주의는 어떤 힘을 가졌는지 온몸으로 느꼈다. 지난 넉 달, 어쩌면 우리는 광장이라는 민주주의 교실에 함께 있었다. 다음 세대에게 자랑스러운 대한민국을 물려주기 위해서, 학교를 진정한 사회 통합과 민주주의의 교실로 세우는 것이 우리 모두의 과제다.

학생들 목소리를 들어라!
"지금 강원교육에 필요한 것은
전환이다"*

강원도 청소년의 삶에 이상 신호가 켜졌다.

2024년 기준, 강원도 고등학생의 학업중단율은 2.2%, 전국 평균(2.0%)을 웃돈다. 특히 특성화고 학업중단율은 5.7%로 전국 17개 시도 중 가장 높다. 단지 학교를 포기하는 게 문제가 아니다. 적응 실패와 좌절의 결과이며, 청소년이 학교로부터, 사회로부터 밀려나고 있다는 경고다.

정서적 지표는 더 심각하다.

2024년 청소년 스트레스 인지율은 전국 평균(42.3%)을 넘어 42.6%로 악화되었다. 2년 전보다 3.2%포인트 상승했다. 우울

---

* 강삼영, 「학생들 목소리를 들어라! "지금 강원교육에 필요한 것은 전환이다"」, 교육플러스, 2025.07.06., https://www.edpl.co.kr/news/articleView.html?idxno=17480

감 경험률도 27.3%에서 28.9%로 악화되었다. 이는 단순한 일시적인 기분의 변덕이 아니다. 최근 1년 사이, 일상생활이 어려울 정도의 슬픔과 절망을 느낀 학생의 비율이다. 학습, 관계, 생활 전반의 총체적 위기로 해석해야 한다.

이 모든 악화는 우연이 아니다.

신경호 교육감이 내세우는 시대의 흐름과 동떨어진 일제고사 위주의 평가정책, 성취기준 70%를 맞추기 위한 잦은 시험, 체험 활동 축소, 마을교육과 문화예술교육 관련 예산 감축. 이네 가지가 얽히며 교실은 점점 아이들의 삶과 멀어지고 있다. 지금 강원도 초등학생은 단원평가에 내몰리고, 중학생은 지필고사 확대 속에서 진도 나가기 급급한 수업을 받고 있다. 고등학생은 수행평가와 야간 자율학습·보충수업을 동시에 떠안은 채, 수능과 내신, 생활기록부를 위해 쉴 틈 없는 하루를 살고 있다. 학교는 점점 '삶의 공간'이 아니라, 무언지 모를 점수의 전시장으로 변하고 있다.

사교육비도 말한다.

2023년 강원도의 사교육비 증가율은 9.7%, 전국 평균(5.8%)을 크게 웃돌았다. 이는 강원교육에 대한 불신이 키운 결과이며, 신경호의 학력 정책이 만들어 낸 사교육 의존 구조의 역습이다. 2024년 들어 증가세가 다소 둔화됐지만, 이 역시 정책에 대한 신뢰 회복의 결과라 보기엔 이르다. 전년도의 급증에 따른 기저 효과일 가능성이 크다.

우리가 외면해서는 안 될 것은, 이 모든 수치가 '아이들의 목소리'라는 점이다. 그들은 언어로 표현하지 않지만, 데이터로, 표정으로, 탈락으로, 고요한 절망으로 말하고 있다. "지금 이대로는 힘들다"고.

학업 중단이라는 선택은 단지 진학을 포기한 게 아니라 학교로부터, 사회로부터 미끄러져 내린 청소년의 구조적 탈락이다. 아울러 탈락의 과정에서 느낄 수밖에 없을 스트레스와 우울감은 교사의 열정만으로 막을 수 없는 사회적 위험 요소다. 강원교육이 내세우는 농촌 유학으로 유입되는 학생의 수십 배가 학교를 떠나고 있다는 역설에 교육감은 어떤 답을 내놓을 수 있을까?

이제는 방향을 틀어야 한다.

학력이 중요하다고 한다. 당연하다. 하지만 학력이 중요하다고 해서, 신경호 교육감의 정책이 정당화되는 것은 아니다. 아니, 오히려 방향을 틀어야 한다. 학력 향상을 위해서는 시험 확대와 학습량 압박밖에 없다고, 아이들의 정신 건강 악화를 감내해야 한다는 주장을 한다면 무능의 극치일 뿐이다. 학생들이 스스로의 힘으로 학습에 나설 수 있도록, 탈락의 두려움을 넘어 더욱 효능감 높은 공부를 할 수 있도록 교육과정과 평가정책을 섬세하게 설계해야 한다.

더불어 아이들의 삶을 중심에 두고 정서 회복을 위한 정책이
절실하다. 특성화고와 모든 학교 안팎에 전문 상담망을 촘촘히
연결해야 한다. 신경호 교육감이 학교에서 지우고 있는 체험,
예술, 공동체 활동을 복원하고 '삶의 교육과정'이라는 말이 구
호가 아닌 현실이 되게 해야 한다. 무엇보다, 아이들을 집단 성
과의 도구로 바라보는 정책 담당자의 시선부터 바뀌어야 한다.

우리는 오래도록 '점수'를 교육의 언어라 믿어 왔다. 하지만
지금의 수치가 말하고 있는 청소년들의 목소리는 신경호 정책
의 실패를 말하고 있다. "지금 이대로는 안 된다"고. 강원교육
은 지금, 전환이 필요하다.

  강삼영의 모두가 빛나는 강원교육

아동·청소년기 스마트폰 의존 심화 대책 시급[*]

5월 미국 컬럼비아대학에서 눈길을 끄는 연구 결과가 나왔다. 어린 시절 스마트폰에 일찍 노출될수록 성년이 된 후에 난관 극복, 변화의 동기, 문제 해결 등 중요한 정신 건강 영역 지표들이 나쁘다는 결과였다. 해당 연구에서는 청년 시기의 정신 건강 지표들이 스마트폰을 처음 갖게 된 나이에 정확히 비례하는 우상향 그래프를 보여 준다. 즉, 어린 시절 부모가 휴대전화를 늦게 사 준 청년일수록 해당 영역의 점수가 높게 나타났다는 뜻이다.

어찌 보면 당연한 결과다. 인간의 뇌는 아동·청소년기에 가

* 강삼영, 「아동·청소년기 스마트폰 의존 심화 대책 시급」, 강원일보, 2024.10.14., https://www.kwnews.co.kr/page/view/20241013181627955583

장 활발하게 성장하는데, 이 시기 많이 읽고 쓰며 생각하는 것
에 비례해서 뇌의 시냅스가 연결되며 사고력을 형성한다고 한
다. 학습의 기본 바탕이 되는 문해력 또한, 문자에 반응하고 이
를 생각으로 연결하는 경험에 비례해서 뇌가 성장한다. 이 시
기에 책을 읽는 대신 스마트폰 영상과 게임, SNS에 익숙해진
뇌는 몇 년이 지나도 문자언어 자체를 쉽게 받아들이지 못할
뿐 아니라, 주의 집중력도 떨어질 가능성이 높다는 추론이 가
능하다.

혹자는 이렇게 반론한다. 예전에 TV나 컴퓨터가 처음 나왔
을 때도 신문물이 아이들을 바보로 만든다는 걱정이 많았지
만 과도한 걱정이었다고 말이다. 하지만 스마트폰은 휴대가 간
편하고 어디서나 사용할 수 있기에 그 유혹의 강도나 몰입하는
시간이 TV에 비할 바가 아니다. 아이들 입장에서 차분히 책을
읽거나, 지적인 사고에 몰입하기엔 주머니에 있는 강렬한 감각
적 유혹을 이겨 내기 쉽지 않다.

더욱 경계해야 하는 것은 이러한 스마트폰 중독과 문해력·
사고력 저하가 계층에 따라 다르게 드러날 가능성이다. 경제적
상류층이 많이 사는 지역일수록 자녀의 스마트폰 사용에 대해
엄격한 경향이 있으며, 보살핌이 취약한 계층일수록 자녀의 스
마트폰 과몰입 가능성이 높은 경향이 있다는 건 알려진 사실
이다.

이러한 우려는 나만의 것이 아니다. 상대적으로 자유주의 전통이 강한 서구의 주요 나라들이 먼저 움직이기 시작했다. 지난해 10월 미국 41개 주는 메타(인스타그램 운영사)를 고소했다. SNS 알고리즘이 중독을 부추겨 정신 건강에 피해를 줬다는 이유였다. 뉴질랜드는 초중고 모든 학교에서 휴대전화 사용을 전면 금지시켰다. 프랑스는 이번 학기부터 200개 중학교에서 휴대전화 사용을 금지했으며, 아예 휴대전화로 인터넷에 접속하는 것을 13세부터 허용하는 방안도 검토 중이다.

우리 사회도 적절한 규제에 대해 진지하게 논의를 시작할 때가 되었다. 특히나 수도권에 비해 사회적·교육적 인프라가 약하고 아이들이 귀한 강원도는 우리 아이들의 건강과 성장에 미칠 영향을 더욱 신중하게 고려해야 한다. 자녀에게 스마트폰 통제 능력을 키워 주는 것이 최선이겠지만, 중독 성향이 강한 물건을 개인적 통제력에만 의존하는 것은 어른으로서 무책임한 처사다.

한술 더 떠서, 교육부와 강원특별자치도교육청은 디지털 교과서와 각종 교육용 스마트 기기 보급에 엄청난 예산을 쏟아붓고 있다. 사회적 합의 없는 정책은 잠시 유보하기를 바라며, 스마트폰과 각종 디지털 기기가 아이들에게 미치는 부정적 영향과 대처 방안에 대하여 깊이 있는 논의를 촉구한다.

들어라, 아스팔트에 선
교사의 외침을[*]

서이초 선생님의 안타까운 죽음 이후 억눌렸던 교사들의 외침
이 한여름 아스팔트보다 뜨겁게 달아오르고 있다.

선생님들의 요구는 간명하다. '안전하게 가르칠 권리' 딱 그
것 하나다. 학부모들의 민원에 시달리다가 교실에서 스스로 삶
을 마감한 선생님의 비극에 전국 교사들이 자기 일처럼 공명했
다는 것에 주목해야 한다. 누가 의도하지 않아도 이미 쌓일 대
로 쌓인 절망과 분노의 에너지가 이 사건을 계기로 폭발적으로
분출하기 시작한 것이다.

교실이 대결의 전장으로 변하고 교권이 무너지고 있다는 우

---

[*] 강삼영, 「들어라, 아스팔트에 선 교사의 외침을」, 강원일보, 2023.09.01., https://www.kwnews.co.kr/page/view/2023083116563212572

려는 이미 오래되었다. 날이 갈수록 늘어나는 중견 교사들의 명예퇴직률, 교직을 미련 없이 버리고 이직하는 젊은 교사들, 잊을 만하면 매체에 등장해 국민의 공분을 사는 교권 침해 사례들이 현실을 말해 주고 있다.

외국의 학교를 둘러본 교사들이 이구동성으로 하는 말이 있다. 교사는 교육 활동에만 전념하면 되고 그를 위한 시스템이 갖추어져 있다는 것이다. 교사 개인의 프라이버시를 보호하면서 학부모와 소통할 수 있는 구조가 갖추어져 있고 학생의 심각한 일탈 행동, 외부 민원 대응 같은 어려운 일에는 관리자의 역할과 책무성이 높다. 여기에 더하여 학생 특성에 따라 다양한 보조 인력이 지원된다. 특수교육의 지원은 촘촘하고 포괄하는 학생 범위도 훨씬 넓다.

대한민국 학교에서는 대체로 이 모든 것을 교사들에게 떠넘긴다. 그러다 보니 수업 외에 부과되는 업무량도 늘고 난이도도 높아지고 있다. 학폭법은 학생 사이에 일어나는 사소한 갈등도 부모가 개입해 법적 분쟁으로 커지도록 만들었다. 의심만으로 신고해도 교사를 직위 해제할 수 있는 아동학대금지법은 교육 활동을 옭아매는 덫이 되어 교사들을 숨 막히게 하고 있다. 시장에서 '갑'의 위치에 있는 소비자로서 '내 아이'만 특별한 대우를 요구하는 학부모들도 늘었다. 교사를 전문가로 인정하지 않고 통제 대상으로만 취급했던 교육정책과 오랫동안 진행된 교육 시장화가 초래한 결과이다.

교육계 전체가 한목소리로 대책을 요구하는 지금이, 새로운 질서를 만들어 낼 기회다. 하지만 정부의 대응을 보면 한숨이 나온다. 여전히 학생 수가 줄어드니 학교 예산과 인력을 줄여야 한다는 근시안적 주장을 되뇌고 있다. 정순신 사태에서 배운 것이 없는지 교권 침해를 학생부에 기록하겠다는, 손쉽지만 깊이 없는 대책으로 학교를 또 한 번 소송판으로 만들겠다고 한다. 여섯 개 시도에만 있는 학생인권조례가 문제라는 식으로 본질을 흐린다.

이처럼 정부가 헛다리를 계속 짚는다면 교사들의 행동은 계속될 수밖에 없다. 지금은 모두가 자성하는 마음으로, 선생님들 목소리에 귀 기울일 때다. 이를 억압하려 하면 문제는 원점으로 돌아갈 뿐이다. 교사를 전문가로 인정하고 그 목소리를 존중하는 것, 그것이 우리가 그토록 원하던 '좋은 공교육'을 위한 출발이다. 지금 이 순간을 출발점으로 삼아야 한다.

AI 과학고 설립이 필요하다*

인공지능^AI과 함께 살아가는 시대가 본격적으로 열렸다. 최근 AI의 급격한 발전은 문자 발명에 비견될 만큼, 사회 전반에 큰 영향을 미칠 문명사적 전환의 성격을 지닌다. 인류가 문자를 통해 세대를 넘어 지식을 이어 왔듯이, 이제 미래 세대는 AI를 능숙하게 다루고 그 한계를 넘어서는 힘까지 갖춰야 한다. 그래서 오늘날 교육에는 'AI를 활용하는 능력'과 'AI가 대신할 수 없는 인간적 역량'을 키우는 것이 모두 요구된다. 컴퓨팅 사고력, 데이터 리터러시, AI 윤리, 인문학적 사고력 같은 기본적인 AI 소양 교육이 더 이상 선택이 아닌 이유다.

---

* 강삼영, 「AI 과학고 설립이 필요하다」, 강원도민일보, 2025.12.19. https://www.kado.net/news/articleView.html?idxno=2023620

하지만 이것만으로는 충분하지 않다. AI 시대를 이끌 '강원형 전문 인재'를 기르는 일이 절실하다. 정부는 'AI 대전환'을 국가 전략의 중심에 두고 전문 인재 양성을 대대적으로 추진하고 있다. 전 세계와 국내 모든 지역, 산업이 같은 방향으로 움직이는 만큼, 고급 수학·과학 역량과 창의적 문제 해결력을 갖춘 인재가 없다면 강원도의 미래 경쟁력은 흔들릴 수밖에 없다.

이미 우려할 만한 징조도 보인다. 정부의 2026년 AI 대전환 예산에서 강원도는 국비를 거의 확보하지 못했다. 강원이 AI 국가 전략 지도에서 소외될 수 있다는 경고등이다.

문제는 강원도교육청의 대응이 이 흐름을 따라가지 못하고 있다는 점이다. 중앙정부는 AI 과학영재학교 설립, AI 혁신 허브 구축 등 다양한 정책을 속도감 있게 추진하고 있고, 전국의 과학영재학교와 과학고들도 AI 중심 교육과정을 강화하고 있다. 그런데 도교육청은 이에 대한 대응이 거의 없어 보인다. 지금 같은 속도라면 강원도는 국가 전략의 변방으로 밀려나고, 지역 소외는 더욱 고착될 것이다.

이렇듯 상황이 긴박한 만큼, 강원도 AI 과학고 설립이 반드시 필요하다. 강원의 여러 시군이 디지털 헬스케어, 스마트 관광, 스마트팜 같은 AI 기반 산업을 키우고 있지만, 이 산업을 이끌 전문 인재는 턱없이 부족하다. 우수 학생들의 수도권 유출 또한 계속되고 있다. AI 과학고는 이런 악순환을 끊고 지역 인재를 체계적으로 키워 낼 교육 거점이 될 것이다.

물론 학교를 신설하려면 중앙정부와 협의를 해야 하는 등 행정적·재정적 제약이 따른다. 그렇기에 가장 현실적인 해법은 기존 과학고를 AI 과학고로 확대·개편하는 것이다. 대학·연구기관·산업체와 연계한 AI 과학고 캠퍼스를 만들고 전문 연구자와 함께 프로젝트 기반 학습을 강화하면, 학생들은 지역을 떠나지 않고도 높은 수준의 교육을 받을 수 있다. 이는 강원의 산업 구조와 직결된 '강원형 과학고 모델'을 만드는 길이기도 하다.

더 나아가 대학·연구기관과의 협력을 확대해 고등학교 이후의 고급 연구 인력 양성까지 바라봐야 한다. 도내 대학들은 글로컬 기업과 연계한 계약학과를 만들고, AI 지역 인재 전형을 확대해 'AI 전문 역량을 갖춘 인재'를 꾸준히 지역에서 성장시키는 구조를 마련해야 한다. 장기적으로는 강원도의 교육·연구 역량을 결집한 '강원과학기술원' 설립도 충분히 검토할 만하다.

지금 강원도에 필요한 것은 거창한 구호가 아니라, 미래 인재를 위한 실질적인 투자다. AI 시대를 헤쳐 나갈 기본 역량을 키우고, 고급 AI 전문 인재를 기를 교육 인프라를 갖추는 일은 강원의 지속가능한 산업·경제와 직결된 과제다. AI 과학고 설립은 강원이 대한민국 AI 혁신 지도에서 존재감을 갖기 위한 가장 현실적이고 결정적인 출발점이다. 강원도는 더 이상 미래를 기다릴 것이 아니라, 미래를 선도할 준비를 지금 시작해야 한다.

디지털 교과서 전면 도입 반대한다*

아침저녁으로 서늘한 기운이 느껴지는 계절이다. 하지만 교육계를 뒤흔드는 바람은 시원하기는커녕 에어컨 실외기 앞에 서 있는 것처럼 숨 막히고 답답한 상황이다. 교육부가 추진하는 AI 디지털 교과서 이야기다. 종이 교과서를 대체하는 것을 넘어서 배움의 형식을 바꾼다는 인공지능 기반의 디지털 교과서는 교육부의 주장처럼 교수-학습 상황을 지금보다 더 교육적으로 바꿀 수 있을까?

이에 대해 많은 연구자와 현장 교사들은 이미 부정적 답변을 내렸다. 교육공학 전문가인 서울교육연구소의 주정흔 박사

---

* 강삼영, 「디지털 교과서 전면 도입 반대한다」, 강원도민일보, 2024.10.11., https://www.kado.net/news/articleView.html?idxno=1269617

 강삼영의 모두가 빛나는 강원교육

는 지난 1일 '모두가특별한교육원구원'이 주최한 포럼에서 △학생의 메타인지 저하 △교사의 수동화 △학생의 학습 정보 유출 위험과 사기업 의존도 심화 같은 이유로 현재의 디지털 교과서 도입을 반대한다는 입장을 분명히 했다. 포럼에 참가한 한 인공지능 교육전문가는 "인공지능을 교육적으로 활용하는 데 고려할 부분이 있지만, 현재 교육부가 추진하는 교과서는 인공지능이 아니라 단순히 문제 풀이 도구"라고 단언했다.

이뿐만이 아니다. 고민정 국회의원이 지난 8월 진행한 여론조사 결과에 따르면, 학부모의 82.1%는 도입에 앞서 사회적 공론화가 필요하다고 답했다. 교사들의 도입 찬성 의견은 12.1%에 불과했다.

하지만 교육부는 이렇게 높은 부정적 여론에도 AI 디지털 교과서 도입을 속전속결로 밀어붙이고 있다. 내년 초등 3·4학년, 중·고 1학년을 시작으로 2028년까지 도입을 마무리하겠다고 한다. 어떤 교과서가 검정을 통과할지 다음 달에야 결정되고, 현장 테스트는 3개월에 불과한 형국이다. 올해 투입하는 예산만 이미 1조 원이 훌쩍 넘었고, 모든 학년에 도입하면 매년 사기업에 지불할 교과서 구독료만 1조 원이 넘을 것이라는데, 교육부가 사업을 추진하는 모양새는 수천만 원짜리 사업보다 못하다. 교과서 예산의 상당 부분을 각 시도 교육청에 떠넘겨, 지방 교육재정에도 악영향을 줄 것이 뻔하다.

지금은 서두를 것이 아니라 신중함이 필요한 때다. 디지털 교과서 전면 도입은 학생들의 인지·심리 발달과 교사의 교수-학습 운영 방식에 큰 영향을 끼칠 가능성이 매우 높기 때문이다. 일찌감치 교육의 디지털화를 적극 추진했던 스웨덴과 노르웨이 같은 나라가 집중력과 문해력 저하 등의 부작용 때문에 다시 종이책과 대면 중심 수업으로 돌아오고 있는 점도 참고할 필요가 있다.

우리는 새로운 교육정책을 도입하기에 앞서 교실에서 만나는 아이들이 어떤 모습인지 좀 더 진지하게 들여다봐야 한다. AI 디지털 교과서가 학업에 어려움을 겪는 학생 특유의 학습 심리를 반영하고 있는지, 학습 능력 차이가 기기 활용의 차이로 이어져 격차를 키우는 것은 아닌지, 학생의 민감한 정보가 상업적으로 이용되어 회복하기 어려운 피해가 일어나는 것은 아닌지, 전면 도입에 앞서 면밀한 실증을 거치는 것은 교육자의 의무이다.

디지털 교과서로 수조 원, 전자칠판과 각종 스마트 기기 등에 수백억 원. 교육재정 위기 시대에 교육 당국이 예산을 참 쉽게 책정한다. 그들은 급격한 교육의 디지털화와 디지털 기기 과의존이 우리 아이들의 정신과 몸을 병들게 하지 않는다고 자신 있게 답할 수 있을까? 되돌릴 수 없는 부작용은 없을지 면밀하게 연구했을까? 숙의를 건너뛰고 지금 급하게 추진해야만 하

 　　　　　　　　　강삼영의 모두가 빛나는 강원교육

는, 우리가 모르는 절박한 이유가 있는 것일까? 디지털 교과서 전면 도입, 답을 찾은 후에 해도 충분하다.

작은 학교를 지키는 것이 정말
아이들을 위하는 길일까?*

"우리 학교 학생 수가 5~60명 될 때는 저도 학교를 지켜야
한다고 목소리를 냈습니다. 하지만, 지금은 스무 명도 되지 않
거든요. 가끔 교육청이 학교와 아이들을 방치하고 있다는 생
각이 들어 원망스럽기도 합니다."

지역을 다니며 학부모님들과 이야기를 나눌 기회가 있었다.
그때 평창군에서 들은 말씀이다. 자신은 학부모회장을 몇 년
째 맡았기 때문에 아이들을 전학시키지 못했지만 조금이라도
여유가 있는 이웃들이 아이를 읍내 학교로 전학시키는 상황에

---

* 강삼영, 「작은 학교를 지키는 것이 정말 아이를 위하는 걸까요?」, 교육언론 창, 2024.03.02., https://
www.educhang.co.kr/news/articleView.html?idxno=2611

서 학교를 지키는 것이 아이들을 위하는 일인지 모르겠다는 하소연이었다. '작은 학교가 아름답다'고 하지만, 해마다 쪼그라드는 학교를 보면서 느끼는 상실감은 상상 이상이지 않을까 싶다.

내일모레 3월 4일이면 전국의 유·초·중·고등학교가 입학식으로 떠들썩할 것이다. 하지만, 신입생이 없어 입학식을 열지 못하는 초등학교만 157개에 이른다고 한다. 급격한 인구 감소에 따라 지역이 소멸할 위기가 초중등교육에 가장 먼저 찾아올 것이지만 책임 있는 자리에 있는 누구도 뚜렷한 비전을 보여 주지 못하고 있는 것 같아 안타깝다.

올해 초등학교 입학생은 36만 9,441명이다. 지난해보다 3만 명 넘게 줄었으며, 전체 초등학생 수도 200만 명 선이 곧 무너질 것이다. 우리나라 전체를 놓고 보면 학령인구 감소가 어느 정도인지 실감이 나지 않을지도 모른다. 국민 대다수가 모여 사는 수도권은 여전히, 출퇴근을 '지옥 길'로 비유하고 있고 과밀학급으로 몸살을 앓고 있으니 말이다.

강원도만 놓고 보면 올해 초등학생 신입생 수는 9,300여 명이라고 한다. 서울과 가까운 인구 100만 명이 사는 신도시 하나 규모밖에 되지 않을 것이다. 상대적으로 숫자가 많은 6학년이 졸업하면서 강원도의 초등학생은 해마다 3,000명 가까이 줄고 있다. 설악산과 금강산을 끼고 있는 강원도 고성군을 살펴보면 더 심각하다. 지난해 12월 기준 고성군 인구는 2만

7,305명이다. 그리고 지난해 태어난 출생아 수는 87명이고 이 아이들이 초등학교에 입학할 즈음 고성군의 초등학생 전체 숫자는 500명을 넘기가 힘들 것이다.

현재 고성군의 초등학생은 1,031명-병설유치원 10개 133명, 초등학교 15개(분교장 2개 포함) 1,031명, 중학교 4개 322명, 고등학교 4개 395명-이지만 앞으로 5년 뒤 학령아동의 수는 반토막이 날 것이다. 출생률이 가까스로 회복된다고 해도 앞으로 30년, 저출산 문제는 사회 구성원 모두가 짊어지고 가야 할 과제이다.

농산어촌의 작은 초등학교는 통학 시간을 적정하게 유지하면서 교사와 학생이 긴밀하게 상호작용할 수 있다는 교육적 이점이 있기에 섣부르게 통·폐합해서는 안 된다는 관점은 여전히 유효하다. 하지만 아이들의 인지적·정서적 성장에 따른 사회성 발달과 다양한 과제에 도전하는 기회도 꼭 필요하다. 그런 측면에서 작은 학교가 가진 이점 때문에 시골을 찾았던 학부모들이 자녀가 고학년이 되면 제법 규모가 있는 학교로 전학을 고민하는 것을 탓할 수는 없다.

과감한 재구조화 전략 없이 학령아동 감소라는 현상을 지켜보기만 한다면 농산어촌의 모든 학교가 자생력을 잃고 폐교가 되는 상황에 내몰릴 수 있다. 군마다 한두 곳을 선정해 유치원, 초등학교, 중학교, 고등학교가 가까이 모여 있는 복합 캠퍼스 단지를 조성하는 정책을 고민해야 한다.

복합 캠퍼스 단지는 농산어촌에 살아도 유치원부터 고등학교까지 아이들을 안심하고 키울 수 있는 교육 기반을 구축해 지역의 교육력을 지키는 것이 목표이다. 교직원, 학부모, 지역사회 의견을 수렴해 학교를 최첨단으로 다시 짓고, 교사들은 개교 준비에 버금가는 치열한 협의 과정을 통해 지역의 현실을 고려한 맞춤형 교육과정을 개발하고 적용해야 한다.

아울러 경계성 지능을 가졌거나 다양한 분야에서 영재성을 보이는 특별한 학생들을 위한 개별화 교육 프로그램도 촘촘히 마련해야 할 것이다. 특히, 지방자치단체는 해당 지역에 창의융합배움터-학생들과 지역 주민이 함께 활용하는 학교복합시설로 도서관, 체육관, 수영장 등 예체능을 포함한 문화 활동을 할 수 있는 공간으로 학생들 눈높이로 설계-를 지어 안전한 돌봄과 음악, 미술, 체육, 문학을 포함한 동아리 활동, 다양한 마을교육 프로그램을 지역의 문화·예술·체육인의 전문적인 지도 아래 마음껏 누릴 수 있도록 해야 한다.

유·초·중·고 복합 캠퍼스 단지는 지금 준비하고 추진해도 4~5년 뒤라야 우리 눈에 보일 것이다. 그리고 그때가 되면 군 지역 출생아 수가 50명도 채 안 될지도 모른다. 하지만, 아이들을 낳고 기를 부모들이 내가 사는 곳에서 대한민국 최고의 교육을 받을 수 있다고 생각한다면 지역의 교육력은 다시 살아날

것이다. 지역의 문제는 우리가 먼저 대안을 내고 풀어 가야 한
다. 그것이 자치다. '교육자치'와 '지방자치'가 협력해 지역의 교
육력을 지키는 아름다운 모습을 함께 만들어 갔으면 좋겠다.

'학부모 학교' 없이는 원만한 가정과 학교 교육 생각할 수 없어*

"선생님, 몇 년 차예요?"

"23년 구발입니다."

"구발?"

"9월 발령을 구발이라고 해요."

"아, 처음 듣는 말이네요. 그런데 선생님은 요즘 가장 힘든 게 뭐예요?"

"민원이랑 업무가 어려운데, 업무는 시간을 투자하면 되는데 학부모 민원은 부담 백배예요."

---

* 강삼영, 「'학부모 학교' 없이는 원만한 가정과 학교 교육 생각할 수 없어」, 교육언론 창, 2024.10.04., https://www.educhang.co.kr/news/articleView.html?idxno=4780

우연한 자리에서 발령받은 지 1년쯤 되는 선생님을 만났다. 이야기를 나누다가 요즘 선생님들이 가장 부담스럽게 여기는 일이 민원이라는 말을 들었다. 세계 최저의 출생률 때문이겠지만 아이가 가족관계의 중심이 되었다. 한 아이가 입학한다. 교문을 들어서는 아이를 여섯 명의 어른이 애처롭게 보고 있다. 할아버지, 할머니, 외할머니, 외할아버지, 아빠, 엄마까지. 눈에 넣어도 아프지 않을 금쪽같은 아이가 부모 품을 벗어나 기초적인 사회생활을 시작한다. 학교생활을 하다 보면 다양한 교육적 상황에 놓이기 마련이다. 하기 싫은 일도 해야 하고 자신 없는 일에도 용기를 내야 한다.

친구들과 사이좋게 지내는 것도, 새롭게 처음 겪어야 하는 일을 해내는 것도 쉽지 않다. 그 상황을 지켜봐야 하는 부모들도 애가 탄다. 아이 앞에서는 학교의 장점을 인정하고 교사의 지도력을 신뢰하는 모습을 보이는 것이 얼마나 중요한지 알지만, 부모가 중심을 잡지 못하면 갈등으로 드러날 수밖에 없다.

이런 갈등을 그대로 교사가 맞닥뜨려야 할 때가 많아지고 있다. 이야기를 듣다 보면 '그런 일까지' 싶은 일도 민원의 모습으로 교사를 힘들게 한다. 특히, 교직 생활을 시작한 지 얼마 안 된 저경력 교사들에게는 그 어떤 일보다 부담스럽기 마련이다. 당연히 교사 개인의 문제라 할 수는 없을 것이다. 우선은 교장, 교감이나 선배 교사가 짐을 나눠야 할 것 같기도 하지만, 중장기적으로는 좀 더 근본적인 해결책을 찾아야 할 것 같다.

교육학은 교사나 학부모를 막론하고 모든 사람이 다 아는 과학이 돼야 한다. 그래서 우리는 '학부모 학교'를 세웠다. 학부모들은 자녀가 입학하기 두 해 전에 학부모 학교에 참가 지원을 하고, 거기서 자녀가 중학교를 졸업할 때까지 수업을 듣는다. 학부모 학교의 주요한 활동은 교장이나 교무 주임 또는 경험이 많은 교사가 강의하거나 대화하면서 심리학과 교육학의 이론 지식을 가정교육의 실제와 긴밀히 연관시키는 것이다. 교수 요강에는 사범학교 과정의 모든 부분이 다 언급돼 있지만 우리가 특별히 관심을 둔 것은 연령심리학, 개성심리학, 체육, 지식 교육, 도덕 교육과 미적 교육 이론들이다. 우리는 모든 아버지와 어머니들이 다 학부모 학교에서 배운 이론 지식을 자녀의 정신생활과 연관시킬 수 있게 하려고 힘썼다. 학부모 학교에서 교사 일을 하는 우리는 고도의 지혜와 민감성을 갖추어야 한다. 어느 때든 우리는 아이의 마음을 '송두리째 드러내지 말아야' 하며 가정 관계에서 가장 자극적이고 쉽게 감정을 상하게 할 수 있는 방면의 문제는 토론하지 말아야 한다. 이런 문제들은 개별적으로 대화하는 과정에서 이야기해야 한다. 학부모 학교 없이는 원만한 가정과 학교 교육을 생각할 수 없다.

러시아의 교육학자 수호믈린스키의 책,《선생님들에게 드리는 100가지 제안》에 나오는 글이다. "학부모 학교 없이는 원만한 가정과 학교 교육을 생각할 수 없다"는 말이 계속 머리에 맴돈다. 수호믈린스키의 지혜를 빌린다면 지금 학교를 둘러싸고 벌어지는 많은 일이 어쩌면 학부모에 대한 체계적인 교육과 지원이 없기 때문일지도 모른다는 생각이 드는 것이 당연하다.

한번 돌아본다. 학교에서 펼쳐지는 교육 활동에 대한 학부모의 평가가 점점 비판적으로 바뀌고 있다. 학부모들은 '아이가 학교에 잘 다닐까', 불안해하며 정보에 목말라한다. 다행스럽게 불안과 걱정을 학교 선생님을 통해 해결하면 좋겠지만, 학교의 문턱은 여전히 높게만 보인다. 불안감이 높아지면 자꾸 남과 비교하게 되면서 떠도는 소문에 기대 아이를 더욱 힘들게 하기 쉽다.

지금 교육계는 학부모 교육의 중요성을 인식하고는 있을까? 개혁적인 교육정책이 힘을 잃고 표류하는 까닭이 학부모에게 이해를 구하지 않고 명분만 내세워 혼자 가려고 하기 때문은 아닐까. 학부모들에게도 교육과정을 이해할 수 있는 시간과 기회를 줘야 한다. 시·도교육청마다 학부모 연수원을 세워 체계적인 배움을 지원해야 한다. 그것이 교육의 주체로서 학부모를 바로 세우는 첫걸음이 될 것이다.

교사 정치기본권 결단할 때*

교사의 정치기본권 회복 논의는 여전히 오래된 오해와 왜곡된 인식에 가로막혀 있다. 사회 일각에서는 이를 '학교의 정치화'로 연결하며 위기론을 조장하지만, 사실관계를 차분히 들여다보면 그런 우려는 근거가 빈약하다. 지금 논의되는 정책은 이념적 문제가 아니라, 민주주의 사회에서 공직자를 시민으로 인정할 것인가에 대한 원칙의 문제다.

무엇보다 교사에게 정치기본권을 보장한다고 해서 학교가 정치판으로 변하는 일은 결코 없다. 직무 중 정치적 영향력 행사는 지금처럼 명확히 금지되며, 이를 어기면 강력한 제재가

---

* 강삼영, 「교사 정치기본권 결단할 때」, 강원일보, 2025.12.22, https://www.kwnews.co.kr/page/view/2025120910172583461

가능하다. 논점은 단순하다. 수업 시간과 직무에서는 중립성을 지키되, 근무 외 시간에는 시민으로서 최소한의 정치적 의견을 표현할 수 있느냐 하는 문제다. 지금처럼 선거철에 SNS '좋아요' 한 번 누르는 행위까지 선거법 위반이 적용되는 규제는 상식의 범위를 넘어선다. 고등학생도 정당에 가입할 수 있는 나라에서, 교사가 더 엄격한 규제를 받는 현실도 모순적이다.

정치적 중립성은 교사의 '침묵'으로 유지되지 않는다. 직무와 사생활을 명확히 구분하는 제도적 장치가 이미 마련되어 있고, 위반 시 처벌도 가능하다. 따라서 교사에게 정치기본권을 돌려주는 것은 중립성을 해치는 일이 아니라, 근무 외 시간에는 교사를 온전한 시민으로 대우하자는 요청에 가깝다. 정치적 침묵을 강요하는 사회가 건강한 중립을 유지할 수 없다는 것은 이미 여러 국가가 증명해 왔다.

'정치 중립'에 대한 과도하게 경직된 해석은 학교의 시민교육을 사실상 마비시키고 있다. 정치는 공동체의 미래와 갈등을 조정하는 민주적 과정이며, 청소년이 이를 올바르게 이해하도록 돕는 것은 교육의 핵심 역할이다. 그런데 교사가 시민으로서 보장받아야 할 권리를 제약당한 채 학생들에게 성숙한 시민성을 가르칠 수 있겠는가. 실제로 학교 현장에서는 정치적인 오해를 피하기 위해 기초적인 정책을 이해하는 수업이나 중요한 사회 현안에 대해 토론하는 것조차 기피하는 현상이 나타나고 있다. 이는 학생들에게 가장 중요한 민주적 역량을 빼앗는 일이며, 교육의 본령을 스스로 축소하는 비극이다.

헌법 해석도 바로잡아야 한다. 헌법이 말하는 '정치적 중립 보장'의 주체는 분명 국가다. 이는 국가권력이 교사·공무원을 정치적으로 동원하지 못하도록 막는 안전장치다. 과거 독재 정권은 교사를 반상회나 정치 행사에 동원했고, 헌법은 이런 폭력을 되풀이하지 말라는 취지로 '국가권력의 개입 금지'를 선언했다. 이를 개인의 기본권을 광범위하게 제한하는 근거로 뒤집어 적용한 것은 헌법 정신에 어긋난다. 권력으로부터 보호하는 장치를, 시민의 권리를 박탈하는 칼로 쓸 수는 없다.

세계의 흐름도 명확하다. 민주주의 국가들은 교사·공무원을 시민으로 인정하고, 직무 중립을 제도적으로 관리한다. 우리만 유독 극단적인 '교사·공무원의 정치 접근 원천 금지' 원칙을 유지해 왔다. 이제는 △정당 가입 및 후원 허용 △근무 시간 외 정치 활동 보장 △선거 출마를 위한 휴직 허용 등의 범위에서 현실적이고 합리적인 대안 논의를 진전시켜야 한다. 이는 과도하게 제한된 시민의 기본권을 헌법이 정한 자리로 되돌려 놓는 일이다. 나아가 전문성과 공공성을 갖춘 교사·공무원이 정치 영역에 참여함으로써 교육정책의 품질을 높이고, 국가적인 의사 결정의 깊이도 더해질 수 있다.

이제는 시대가 바뀌었다. 더 이상 과거의 편견이 우리의 민주주의를 묶어 두게 해서는 안 된다. 교사와 공무원을 '침묵을 강요받는 존재'가 아니라, 중립적 전문가이자 권리를 가진 시민으로 바라보아야 한다. 그것이 성숙한 민주주의로 가는 길이며, 다음 세대를 위한 더 책임 있는 선택이다.

강삼영의 모두가 빛나는 강원교육

다시 시작한
강원교육 대장정

강원교육의 혁신을 준비해야 할 시기.
교육은 교사, 학부모, 지역사회가 함께해야 하기에
많은 분을 만나 지혜를 구했다.
강원 곳곳에서 만난 사람들의
삶과 목소리는 현장의 온도와 무게를 담고 있었다.

어떤 만남은 마음을 흔들었고
어떤 대화는 교육의 본질을 일깨웠으며
어떤 현장은 새로운 질문을 되묻게 했다.
그래서 이 대장정은 답을 찾는 시간이었지만,
동시에 더 나은 질문을 만들어 가는 시간이기도 했다.

강원교육 대장정.
그 길에서 만난 사람들의 이야기를 전하고자 한다.
이 기록은 단순한 회고가 아니다.
사람들의 목소리에서 발견한 진짜 강원교육의 동력이다.
교육을 향한 사람들의 목소리들을 서로 잇고 지켜 내는 일,
그것이 우리가 시작하는 진짜 강원교육의 첫걸음이다.

강원교육의 뿌리 _강원교육을 다시 세우기 위해서는 우리가 어디에서 출발하는지를 살펴야 한다. 그 뿌리는 특별한 이념이 아니라, 지역의 역사와 기억, 일상의 삶을 교육의 중심에 두는 것이다.

진짜 학력 _ '진짜 학력'은 생각의 구조를 세우는 힘이다. 문해력, 기초학력, 교사의 전문성이 연결될 때 학력의 토대가 단단해진다. 진짜 학력을 위해 강원의 학생을 위한 맞춤 전략이 필요하다.

기본학력을 어떻게 보장할 것인가가 가장 중요한 과제이다. 수업과 평가, 지원 체계를 모두 그 기준에 맞게 다시 설계해야 한다. **-신철균 강원대 교수**

디지털 기계가 제공하는 획일적인 콘텐츠는 사고력을 떨어뜨린다. 겉으로는 화려해 보여도, 학생들이 스스로 생각하는 시간을 빼앗을 수 있다.
-김경희 (전)영월문화도시센터장

문해력의 중요성을 누구나 말하지만 실제 전략은 늘 부족하다. 깊이 읽고 사고하는 힘을 길러야 한다.
-안종화 강원대 교수

진로와 진학 _진로와 대입은 선택의 문제가 아니라 '기회의 문제'다. 공교육의 폭넓은 지원을 토대로 학생들이 다양하게 경험할 기회를 제공해야 한다. 대학과 지역, 학교의 촘촘한 연결이 필요하다.

그림을 좋아하던 아이가 실기 준비와
정보 부족으로 어려움을 겪었다.
예체능을 꿈꾸는 아이들이 부모의
경제력에만 기대지 않도록,
공교육이 뒷받침해야 한다.
-김명수 한국인삼협회 회장

전문대와 특성화고 학생들이
자연스럽게 연결되는 체계를
만들어야 한다. 현장 경험과 학업이
연속적으로 이어져야 한다.
-문영식 한림성심대 총장

대학과 자자체, 교육청이 함께 머리를
맞대는 지역 교육협의체가 필요하다.
국가 단위 정책도 결국 지역의
공동 대응 없이 추진하기 어렵다.
-박덕영 강릉원주대 총장

일상의 민주주의 -민주주의는 교과서 속 배움이 아니라, 삶의 방식이다. 나와는 다른 타인의 관점을 듣고 조율하는 경험, 일상 속에서 정의가 이기는 경험이 쌓이도록 해야 한다.

민주주의 훈련이 안 되면 다름을 존중하기 어렵다. 타협과 조율을 배우는 경험이 일상에 스며야 한다. 점심 메뉴를 정하는 과정에서도 민주주의를 배운다. **-박구용 전남대 교수**

고전을 깊이 읽고 토론하는 교육은 사고력을 키운다. 서로의 생각을 듣고 말하는 과정에서 민주주의의 언어를 배운다. **-이용화 인천대 교수**

초등학교에서 시작된 체험 활동이 중고등학교에서 프로젝트 수업과 현장 참여까지 이어진다면, 아이들은 협동과 연대를 통해 '함께 문제를 해결하는 힘'을 배울 수 있다. **-원주 사회연대경제 관계자**

마음의 안전망 _아이들의 정서 위기는 개별 기관만으로 해결되지 않는다. 학교·가정·지역이 함께 신호를 포착하고 대응해야 정서적 붕괴를 막을 수 있다. 마음의 안전망은 '연결'에서 비롯된다.

현재 학생 스트레스 지표는 구조적 위험의 신호이다. 청소년 정신 건강 관리 시스템이 실제로 효과를 내고 있는지 세심하게 점검해야 한다.
-고상백 연세대 교수

지역아동센터는 아이들이 자라는 전 과정에 관여한다. 학교와 소통하는 체계가 더 촘촘해야 한다. 문제가 생기기 전에 연결되어 있어야 한다.
-이창열 원주지역아동센터연합회 회장

장애 학생에게 교육만큼 중요한 것은 없다. 성인이 된 뒤에도 좀 더 다양한 직업교육을 안정적으로 받을 수 있도록 해야 한다.
-강기완 소망주기 이사장

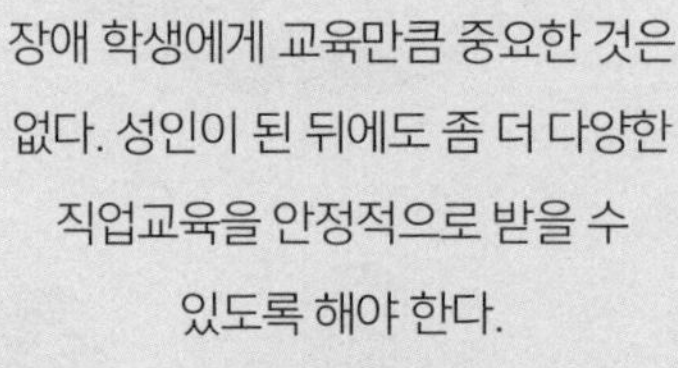

교사의 전문성과 교권 _교권이 무너지면 아이들의 배움도 흔들린다. 교사의 전문성과 교권은 분리된 주제가 아니다. 교사가 존중받을 때 교육이 안정되고, 교사의 전문성이 높아질 때 학생의 배움이 깊어진다.

교권이 약해지면 아이들도 불안해한다. 교사가 힘들어 보이면 학부모도 말을 꺼내기 어렵다. **-속초 학부모 간담회**

교권 보호와 다양한 민원 대응을 위해서라도 학부모회 역할이 중요하다. 우리 아이들을 위해 교사와 학부모가 서로를 이해하고, 같은 곳을 바라보는 동반자가 되어야 한다.
-원주 우산초 학부모회

교사의 성장은 결국 학생의 성장으로 이어진다. 연수와 연구는 행정 절차가 아니라 학교 현장을 바꾸는 과정이어야 한다.
-신철균 강원대 교수

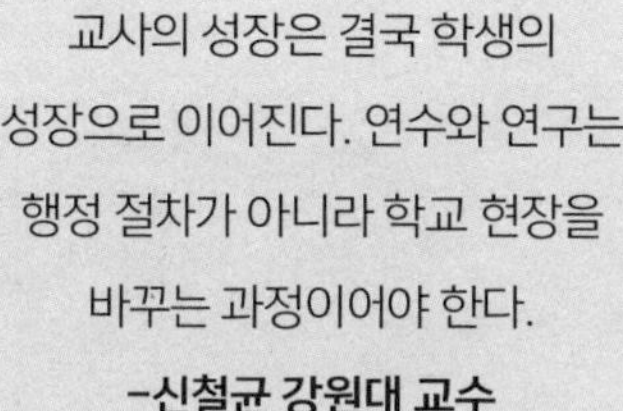

학교와 지역공동체 _지역과 학교가 만나면 배움은 훨씬 넓어진다. 마을교육, 사회적경제, 학교협동조합의 사례는 학교가 지역 속에서 더 큰 배움을 만들어 가는 모습을 구체적으로 보여 준다.

학교와 마을, 교사와 학교 밖 전문가를
잇는 중간 지원 조직이 필요하다.
교육과정에 필요한 다양한 체험 프로그램을
책임 있게 지원하는 구조를 설계해야 한다.
-양승우 화이통협동조합 대표

학교협동조합은 아이들에게
나답게 살 수 있는 길을 보여 준다.
그것이 경제적 민주주의의 시작점이다.
-박준영 원주사회적경제네트워크 이사장

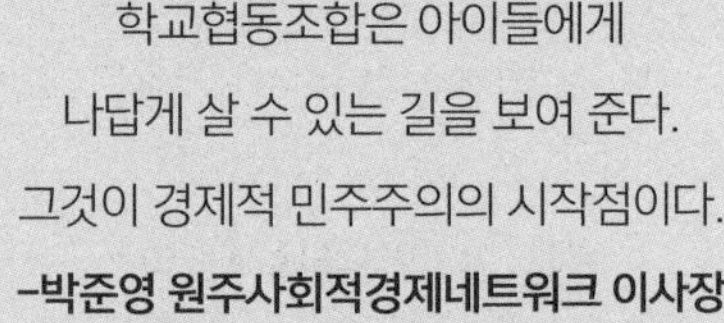

작은 무대라도 아이들에게는 꿈의
집이 된다. 예술은 창작의 무대를 넘어
공동체를 묶어 준다.
-원영오 극단 노뜰 대표

신뢰의 교육공동체 _학부모와 교사는 다른 시선으로 아이들을 바라보지만, 누구보다 아이를 사랑하는 이들이다. 이들이 서로를 이해하고 동반자가 되는 것은 아이들의 성장을 돕기 위한 가장 중요하고 필수적인 요소다.

학교폭력, 급식, 교복, 진학…
학부모는 아이들의 하루에서 교육정책을
연결해 바라본다. **-속초 학부모 간담회**

학부모도, 교사도, 학생도 공감하지
않는 정책을 현장에 강제로 적용하는 것은,
결국 아이들을 실험대에 올리는 일에 불과하다.
-김경희 (전)영월문화도시센터장

돌봄은 단일 기관의 책임이 아니라,
학교·지자체·마을이 함께 나누고 협력하는
공적 과제다. 돌봄의 공백은 줄이고
더 안정적인 환경을 제공해야 한다.
-이창열 원주지역아동센터연합회 회장

출발선의 평등 _교육 격차는 단순한 성적의 차이가 아니라 출발선의 차이다. 기회를 잃지 않도록 지켜야 할 것이 무엇인지, 현장의 수많은 이야기가 있었다.

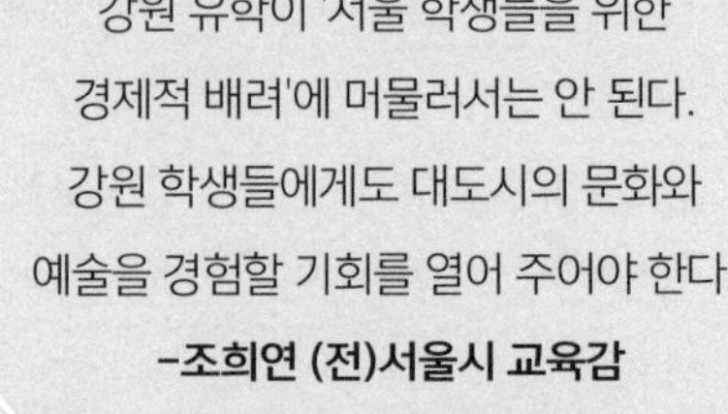

강삼영의 모두가 빛나는 강원교육
아이들 곁에서, 강원교육을 생각하다

초판 1쇄 2026년 2월 1일

글쓴이 | 강삼영
펴낸곳 | 도서출판 단비
펴낸이 | 김준연
편 집 | 이혜숙
디자인 | 김선미
등 록 | 2003년 3월 24일(제2012-000149호)
주 소 | 경기도 고양시 일산서구 고양대로 724-17, 304동 2503호(일산동, 산들마을)
전 화 | 02-322-0268
팩 스 | 02-322-0271
전자우편 | rainwelcome@hanmail.net

ⓒ 강삼영, 2026

ISBN 979-11-6350-162-6   03370

값 20,000원